新概念阅读书坊
ZUIMEIDIQIU 最美地球

WENMINGZHUANGGUAN

文明壮观

主编◎崔钟雷

吉林美术出版社

图书在版编目（CIP）数据

最美地球文明壮观 / 崔钟雷主编 . —长春：吉林
美术出版社，2011.2（2023.6 重印）
　　（新概念阅读书坊）
　　ISBN 978-7-5386-5225-3

　　Ⅰ . ①最…　Ⅱ . ①崔…　Ⅲ . ①文化史 – 世界 – 青少年
读物Ⅳ . ① K103–49

　　中国版本图书馆 CIP 数据核字（2011）第 015272 号

最美地球文明壮观
ZUI MEI DIQIU WENMING ZHUANGGUAN

出 版 人	华　鹏
策　　划	钟　雷
主　　编	崔钟雷
副 主 编	刘志远　杨　楠　于　佳
责任编辑	栾　云
开　　本	700mm×1000mm　1/16
印　　张	10
字　　数	120 千字
版　　次	2011 年 2 月第 1 版
印　　次	2023 年 6 月第 4 次印刷
出版发行	吉林美术出版社
地　　址	长春市净月开发区福祉大路 5788 号
	邮编：130118
网　　址	www. jlmspress. com
印　　刷	北京一鑫印务有限责任公司
书　　号	ISBN 978-7-5386-5225-3
定　　价	39. 80 元

前　言

　　书，是那寒冷冬日里一娄温暖的阳光；书，是那炎热夏日里一缕凉爽的清风；书，又是那醇美的香茗，令人回味无穷；书，还是那神圣的阶梯，引领人们不断攀登知识之巅；读一本好弓，犹如畅饮琼浆玉露，沁人心脾；又如倾听天籁，余音绕梁。

　　从生机盎然的动植物王国到浩瀚广阔的宇宙空间；从人类古文明的起源探究到 21 世纪科技腾飞的信息化时代，人类五千年的发展历程积淀了宝贵的文化精粹。青少年是祖国的未来与希望，也是最需要接受全面的知识培养和熏陶的群体。"新概念阅读书坊"系列丛书本着这样的理念带领你一步步踏上那求知的阶梯，打开知识宝库的大门，去领略那五彩缤纷、气象万千的知识世界。

　　本丛书吸收了前人的成果，集百家之长于一身，是真正针对中国少年儿童的阅读习惯和认知规律而编著的科普类书籍。全面的内容、科学的体例、精美的制作，上千幅精美的图片为中国少年儿童打造出一所没有围墙的校园。

编　者

目 录

亚 洲

欧 洲

亚 洲

YAZHOU

秦始皇陵

这里有造型逼真的兵马俑，这里有气势恢弘的兵俑方阵，这里有复杂华丽的地下宫殿，这里更有不计其数的奇珍异宝。这里就是神秘的秦始皇陵。它以其丰富的内涵吸引着人们的注意力。

秦始皇陵始建于公元前 247 年，位于离西安市三十多千米处的临潼县骊山脚下。秦始皇兵马俑坑是秦始皇陵的陪葬坑，它位于陵园东侧 1500 米处。

作为历代帝王陵墓中最大的陵墓，它由公元前 246 年继位的嬴政建造。公元前 221 年，秦统一六国后，由李斯设计、大将章邯监工修造陵墓，历时 36 载，直到嬴政 50 岁驾崩时才建成。

秦始皇陵坐西朝东，体现了君主专制和皇权独尊，其总面积达二百一十八万多平方米。陵园有内外两重夯土城墙，呈南北狭长的"回"字形。内垣南北长 1300 米，东西宽 578 米；外垣南北长 2513 米，东西宽 974 米。内垣墙基宽 10 米，夯层厚 5～8 厘米；外垣墙墓宽 6～7 米，夯层厚 6～8 厘米。秦始皇陵的陵冢高 43 米，底边周长一千七百余米，筑有内外两重夯土城垣，象征着都城的皇城和宫城。内城略呈方形，周长 3890 米，除北面开两门外，其余三面各开一门。外城为长方形，周长 6294 米，四面各开一门。陵冢位置在陵园南部。

　　秦始皇陵内部的结构更加复杂华丽。秦始皇的尸体被置于陵墓地宫之中。据史料记载，地宫的修建，挖土已深到地下水的深度，且穿透三层，在这样的深度建造地宫，相当于建在水中，于是所用石材加工非常精细，并且石块之间用铜、锡熔液灌注。地宫中的江河湖海是由水银做成的。此外，在墓中还藏有不计其数的奇珍异宝。总之，秦始皇陵就是一座地下的宫殿。

　　在秦始皇陵所有俑坑中最引人注目的要数兵马俑，这些兵马俑也是秦始皇陵举世瞩目的重要原因。这些兵马俑形象逼真，造型奇特，让人不禁惊叹建造者精湛的技艺。所有的陶马都张口衔镳、剪鬃缚尾，分绺额前，马匹的嘴角、鼻翼、眼皮上的皱纹都用阴线精雕细刻，充分展示出战马的神韵。

　　堪称"世界第八大奇迹"的秦始皇兵马俑可以同埃及金字塔和古希腊雕塑媲美。它为进一步研究我国秦朝时期的政治、社会经济、文化、科学等提供了宝贵的资料。

长　城

长城是中国人民勤劳、勇敢、智慧的象征，同时它也代表着中华民族不屈不挠的精神。它蜿蜒于大漠戈壁，盘旋于崇山峻岭之间，宏伟壮阔的气势中透露出深沉与威严，令天下人无不为之惊叹！

长城，西起嘉峪关旁，东至鸭绿江畔，匍匐于崇山峻岭之中，横跨辽阔的戈壁草原，好似一条巨龙，奔腾飞舞于广袤无垠的中华大地上，延绵上万里。

"长城"一词有广义和狭义之分：广义的长城是指中国古代所有的巨型军事体系。狭义的长城，则是针对中国北方阻隔少数民族南下的万里长城。从结构看，长城作为一个庞大的国防工程体系，它的主体部分是垣墙，其中包括了关隘、兵营、城障、卫所、墩台、烽燧、道路等许多军事设备及生活设施。观察、通信等功能综合起来与大量长期驻屯的军队相配合，形成了严密的军事防御体系。

作为长城主体部分的城墙，底部一般用巨大的条石或方石做基础，其墙体两侧用每块重约十五千克的城砖包砌，中间填以碎石和

黄土。墙体上部平铺三四层方砖，用石灰抹缝，十分坚固。居庸关一带城墙高 8.5 米，一般情况下山势陡峭的地方矮一些，山势平缓的地方会相对高一些。城墙墙基的宽度为 6.5 米，墙顶平均宽 4.5 米，墙顶宽度较大的地方，可容五马并行、十人并进。陡坡处则用砖砌成阶梯状，更便于行走。

最早的长城出现在春秋时期的楚国。秦始皇统一六国后，派将军蒙恬北伐匈奴，将燕、赵、秦等国的长城连接起来，并加以增修扩建。秦长城西起临洮，东至辽东，绵延万里，是中国历史上第一条真正意义上的"万里长城"。汉高祖刘邦称帝建立了汉朝后，为了防止匈奴南犯，也大规模修筑长城。

从南北朝到辽金元，北魏、东魏、北齐、北周、隋、辽、金等是修筑长城的主要朝代，这些由少数民族建立的政权，为防止外来民族的侵犯，保卫领土安全，也纷纷仿效秦汉修筑长城。

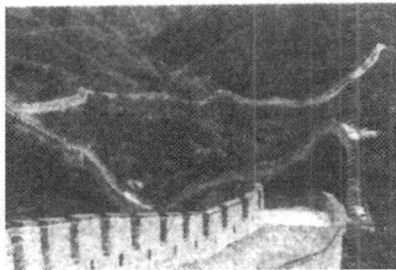

而历史上修建规模最大、历时最长、工程最坚固、设备最完善，同时也是我国历史上修筑的最后一道长城，是明长城。它东起辽东的鸭绿江，西至甘肃的嘉峪关，全长六千三百多千米。有人计算过，若将明代修筑长城的砖石、土方，用来修筑一道 5 米高、1 米厚的大墙，可绕地球一周有余。由于明长城离我们生活的时代较近，且又修筑得雄伟坚固，所以保存下来的遗迹较多，人为和自然损害较少，保存至今还较完整。

位于北京昌平县西北部的居庸关，自古以来就是北京地区西北方的一道屏障，是明长城最负盛名的雄关之一。它以险要的地理环境和特殊的地理位置而成为南下北京的要道，因此，居庸关在军事上有着举足轻重的地位。居庸关在岁月的长河之中虽始终是兵防重镇，却屡易其名，三国时称"西关"，北齐时改"纳款关"，唐朝时又先称"蓟门关"，后改为"军都关"，由辽以后经金、元、明、清至今，一直称为"居庸关"。

地处明代万里长城的最西端，位于甘肃省河西走廊西部的嘉峪关关城始建于明洪武五年（1372年），距今已有六百多年历史。相传在当年建关时，对于这样巨大的工程，工匠们对建筑材料计算得非常精确，建造完毕后，只多出一块砖。这块砖就放在西瓮城门楼的后檐台上，以表示后人对前辈工匠的崇敬之情。

著名的孟姜女庙就坐落在山海关城东6.5千米的望夫石村的凤凰山上。孟姜女哭长城的故事自古流传，而这个故事之所以家喻户晓，是因为许多朝代的统治者为了修筑长城，强加给人民各种徭役赋税，人民遭受到很大的苦难，使得无数幸福的家庭妻离子散。而今，长城曾有过的金戈铁马、逐鹿争雄早已不复存在，随着和平时代的到来，它日渐失去了原有的军事价值，完成了它的历史使命。现在它已不仅仅是历史的遗迹，更是友谊的纽带和旅游胜地。

故 宫

故宫作为中国最大的历史博物馆，以其庞大的规模、恢弘的气势，在世人心中有着举足轻重的位置。它巍峨壮观、庄严而华丽，无声地诉说着明清两朝曾经的繁荣与沧桑。

北京故宫，原名为"紫禁城"，建于 1406 年—1420 年，是一座巍峨壮观、壁垒森严的宫殿，它既是中国最大的历史博物馆，又是世界上规模最庞大、保存最完整的古代宫殿建筑群。故宫始建于明代的永乐年间，它以黄色的琉璃瓦屋顶、蓝色护城河和红色围墙与外界相隔，气势恢弘，庄严而华丽。

故宫内的建筑以南北走向的中轴线为重心，严格遵循对称的原则，坐北朝南，昭示着皇帝至高无上的权威。

故宫的外朝和内廷两部分以乾清宫为界线，南为外朝，北为内廷。

外朝包括最南端的故宫的午门、后面的太和门及所谓三大殿：太和殿、中和殿、保和殿。

午门是故宫的正门，高35.6 米，红墙黄瓦，朱漆大柱，雕梁画栋，飞檐翘角。平面呈倒"凹"字形，中间有三个门，左右各有掖门。五座崇楼建在

太和殿

太和殿是紫禁城内体量最大、等级最高的建筑物，建筑规制之高，装饰手法之精，堪列中国古代建筑之首。

午门高大的石砌墩台上。

太和门建于明初，曾被称为"奉天门"，后来又被改为皇极门。这里是明朝皇帝"御门听政"的地方，所以在后世有着很高的地位。

离太和门不远的三大殿，坐落在一个类似"土"字形的三台上。因为在中国的传统文化中，五行里"土"居中，所以故宫的设计者将故宫中非常重要的部分用汉白玉砌成了"土"字形三台。这个三台既抬高了三大殿的高度，同时也是中国传统文化的体现。

故宫外朝三大殿中第一大殿是太和殿，殿中两米高的平台上设有楠木金漆雕龙的皇帝宝座。宝座顶上是金光蟠龙藻井，上面倒垂着圆球轩辕镜。座前有御案，后面有围屏，左右有对称排列的宝象、仙鹤、香简等，都是铜胎掐丝珐琅制品。太和殿是故宫中等级最高的宫殿，功能非常特殊。在太和殿中举行的仪式都十分隆重，例如皇帝登基、皇帝大婚、册封皇后、宣布战争，还有在大型节日里，皇帝会在太和殿里举行大典。

中和殿是一座单檐四角攒尖鎏宝顶亭形方殿堂，其形式比较小巧。

保和殿在故宫中也有着极高的地位，清朝举行"殿试"的地点就是保和殿。因此，进入这里成为学子们的最高理想，天下儒生一生中最辉煌的生命历程就始于保和殿。

而保和殿北面的内廷则是真正的皇家禁苑，它包括乾清宫、交泰殿、坤宁宫、御花园。

乾清宫是通往乾清门内的第一个内廷大宫殿，正殿上方挂有一

块由清代顺治帝书写的"正大光明"匾额。宫殿正中设有宝座,分东西暖阁,是明、清两个朝代皇帝的寝宫和日常活动的场所。明代14位皇帝都住在乾清宫,清代皇帝只有乾隆因故住到了养心殿,但有一项惯例始终没有改:无论皇帝驾崩在哪里,遗体都必须停放在乾清宫,以示"寿终正寝",因此乾清宫仍是皇帝的"正寝之所"。

坤宁宫建于明永乐年间。清顺治二年时按照满族的风俗习惯进行重新改建,宫内格局完全依照沈阳清朝故宫清宁宫的样式布置,内设东暖间,即皇帝大婚的洞房。

坤宁宫与乾清宫的名字和功用都是对应的。《易经》中,乾对天,主阳,坤对地,主阴,清、宁二字都是安定、祥和的意思,所以坤宁宫在明代就是皇后的寝宫。虽然到了清代,情况有所改变,但坤宁宫仍是"正宫"。有着六百多年悠久历史的紫禁城,见证了中国封建社会帝王的统治,同时,它作为传统的封建艺术和珍贵的历史文物,也体现了中国劳动人民的智慧。

布达拉宫

地球上海拔最高的大型古代宫殿是位于雪域高原上的圣殿布达拉宫，它位于拉萨边缘玛布日山的"不朽城堡"遗址之上。这座"神的府邸"以恢弘雄伟之势、美丽壮阔之景吸引了世界各国游人的目光。

西藏的首府拉萨曾经是西藏神学的圣地。在被称为"雪屋"的喜马拉雅山脉深谷中，有着"快乐之河"美称的奇楚河倒映着"光明的宫殿"——布达拉宫。

城堡一样的布达拉宫，位于拉萨边缘玛布日山的"不朽城堡"遗址之上，相传公元 7 世纪时由吐蕃赞普松赞干布始建。布达拉宫经由其后继者多次扩建，最后形成了今日的规模。

布达拉宫作为地球上海拔最高的大型古代宫殿，是历代达赖喇嘛的"冬宫"和西藏地方政教合一的中心。同时，它也是西藏地区现有最大、最完整的宫堡式建筑群。这座无与伦比的神宇宫阙，被誉为"世界十大土木石杰出建筑"之一，集中体现了西藏建筑、绘

画、宗教艺术的精华。

整个宫殿建筑的材料是土石木。从结构上看，它由很多层次的矩形平面毗连而成，层次错综复杂，弯弯曲曲。这是邸宅与碉堡结合而生的藏族建筑传统风格的充分体现。白、黄、红是宫殿外部的主要颜色，这与佛教传统有着深厚的渊源。白色是恬静、和平的象征；黄色是圆满、齐备的象征；红色则是威严与力量的象征。

布达拉宫的建筑格局三次分明、对比鲜明，具有深刻的象征意义。达赖喇嘛的白色寝宫傲然耸立，红宫则后来居上，其他各类建筑仿佛众星捧月，簇拥左右，再看看开阔的殿堂与窄小的窗户，厚重的墙壁与狭窄的过廊，到处都渲染着佛法的神威和佛界的威严，这就是藏传佛教建筑不断追求的意境。

红宫和白宫是布达拉宫的主体部分。红宫居中，白宫从东南西三面环绕红宫，成"凹"字形。另外，布达拉宫还有三座黄色殿堂。白宫东西两边各一间，前方半山腰一间，分别是达赖喇嘛修习密宗以及放置佛塔、佛像的地方。不同时代的达赖喇嘛的灵塔殿和各类佛堂构成了红宫的主体建筑。这里共有8座灵塔，其中最为豪华的是五世达赖和十三世达赖的灵塔。

各类佛堂包括药王殿、上师殿、世袭殿、持明殿、响铜殿、菩提道次第殿，以及司西平措大殿等。

十三世达赖喇嘛灵塔动工于1934年，三年后完工。据史册记载，塔身金皮耗费黄金589.69千克，宝石四万多颗，以金线串缀而成，塔高14米，珠玉宝石遍缀塔身，金光璀璨，珠宝生辉，夺人眼目，异常

华美。

白宫是达赖喇嘛举行重大活动和生活起居的地方。白宫最上层为森琼尼威宫（东西日光殿）是历代达赖喇嘛的起居宫室。白宫内最大的殿堂措钦厦（东大殿）是为达赖喇嘛举行坐床、亲政等重大仪式的地方。

美丽的龙王潭公园坐落在白宫宫殿后面。公园里的草坪犹如绿色的地毯，鲜花点缀其间。园内绿树成荫，古木参天。林间一池湖水，碧波荡漾，倒映着布达拉宫的倩影。每到冬季，成群的红嘴鸥回归潭中，自成一景。潭口有一座小岛，岛上建有龙王宫，所以取名为"龙王潭"。过去，这里是布达拉宫的后山花园，每年的藏历4月15日为佛祖释迦牟尼的诞生、成道、圆寂纪念日，西藏地方政府的全体僧俗官员及贵族男女老幼都要来此划船戏水，举行旱季祈雨仪式。

布达拉宫是藏式建筑工艺的集大成之作，同时它还是藏族艺术精品和珍贵文物的宝库。走进布达拉宫，仿佛迈进了西藏的千年历史长河之中，体验藏族建筑的独特风格，欣赏华美绚丽的艺术珍品，回望幽深的廊道、流光溢彩的灵塔，以及神圣的殿堂……此时此刻，西藏的历史精华，仿佛凝聚其中。

颐 和 园

颐和园景色优美，风光秀丽，一年四季游人络绎不绝。那里的景致独具特色，亭台阁榭、奇松怪石，无一处不彰显出这座风景如画、历史悠久的名园风姿，仿佛诉说着它所经历的风风雨雨。

颐和园位于北京城西北郊，这座一年四季中外游人络绎不绝的皇家园林，也是"三山五园"中唯一一处完整的园林，但是它的"命运"却多有波折。颐和园的总体格局以元朝郭守敬监工修建的瓮山水库为基础。明朝时，瓮山上建有许多寺院和亭台，清朝乾隆十五年（1750年），乾隆皇帝为庆祝母亲生日扩园时修建了"好山园""清漪园"，并于第二年将瓮山改名万寿山，瓮山泊改名昆明湖。之后，咸丰十年（1860年），英法联军入侵北京，将这里的财物洗劫一空，湖光山色也因此遭受损坏。光绪十四年（1888年），慈禧太后动用军款重建清漪园，用来作为她退位后休息游玩之地。现在的名字"颐和园"是光绪十四年间，由"清漪园"更改而成。然而，光绪二十六年（1900年）时，颐和园又遭厄运，八国联军对其进行

了野蛮的破坏，为了重建此园，慈禧太后再次动用巨款将其修复。如此反复地修建、毁坏、重建，使得如今山水如画的颐和园印上了一道令人难以忘却的伤痛。

颐和园总面积为294万平方米，昆明湖水面达200万平方米，一山一湖，奠定了整体格局。园内分为宫区和苑区，宫区又分为勤政和居住两个区域，其建筑多依万寿山而建。山的南坡叫做前山，高40米的佛香阁是颐和园的主体景致，排云殿、智慧海及两侧的一些建筑，是南坡的核心部分。建筑自上而下垂直布局，与平阔的湖区形成鲜明的对照，整体布局庄严整饬，其间辅以玉树琼花，极目远眺，正合"河岳层层团锦绣，华严界界有楼台"的颂赞。

排云殿原名大报恩延寿寺，原是乾隆为庆祝母亲60寿辰所建。咸丰十年，英法联军将其掠夺后并焚毁，后来慈禧将其重建，并将它更名为排云殿。曾经作为慈禧寿诞时接受百官朝贺的排云殿由多个阁门组成，上覆黄瓦，下有白色石基，阳光照射下，金光灿烂，华丽而不失庄严。

居住区内有一座游廊相通的大型四合院，这里曾是慈禧、光绪，以及妃嫔在颐和园的住所。名义上还政的慈禧对变法的光绪耿耿于

怀，为了囚禁光绪皇帝，这座到处精雕细刻的富于艺术品位的殿堂外面的通道全部用砖墙封住，生活上备受刁难的光绪皇帝，终究抑郁而死。

勤政殿是宫区的主要建筑，按照乾隆的规定，皇家园林内都建有"勤政殿"，目的是为了让皇帝及其大臣在游园时处理国事，这既是野游不忘国事的一种提醒，又是"勤政殿"得名的原因。

广阔而平静的昆明湖在与华美庄严的万寿山的对比中则显得具有更浓厚的自然韵味。放眼望去，长堤、岛屿和大桥、小桥点缀着水面，增添了水面的层次，增加了阔远之感，而西堤的两行树荫自然地掩蔽了西部的苑墙，实隔而似非隔，这样就把苑墙外的西山和苑墙内的昆明湖结合在了一起，使整个园林景区借西山之雄，平添了几分壮美辽阔的气势。

与前山广阔的景致相对照，后湖则以小巧曲折、幽闭迂回的江南风光而闻名。现今，呈现在游人面前的这条 300 米长的水街，展示着 19 世纪的中国宫市文化。在这里，人们可以像当年的皇帝、宫妃们一样，购买江南的绸布、小食、书籍。这里店铺林立、古色古香、秀丽而繁华的景象别有一番情趣。

颐和园斑驳的历史被掩藏于它的倩影之下，曾经的沧桑与痛苦早已伴随着历史的车轮淡出人们的视线。尽管这里的一切蕴涵了中国传统艺术的精华，但同时也向世人展示出了独裁统治下，个人意志的至高无上以及强权的占有力。如今，来到这里的人们可以尽情地享受这诗情画意般的美景，陶醉于美丽的湖光山色之中，但是那页尘封已久的历史篇章难道真的能够被世人所淡忘吗？

莫高窟

莫高窟是中国四大石窟之一；它是世界上现存规模最大、保存最完好的佛教艺术宝库；它的壁画和雕塑栩栩如生，令人惊奇；它被列为世界文化遗产。它就是位于甘肃敦煌的莫高窟。

公元 220 年，曾经雄视四方的汉帝国倾颓崩塌，中国历史进入连年争战时期，百姓命如蝼蚁，帝王沦为囚徒。此时，被人们尊称为"佛陀"的慈祥长者，从南亚次大陆的热带跋山涉水来到中国。从这以后，佛教开始传入中国。

东汉时期传入中国的佛教，在被人们世俗化后，无论是帝王还是普通百姓，都将其视为重要精神支柱之一。敦煌莫高窟就是缘于此而产生的奇迹。公元 366 年，一僧人云游到鸣沙山、三危山一带，突见三危山上金光闪烁，中有千佛形象可辨，觉得这是佛家宝地，于是在鸣沙山东麓断崖上凿窟一龛。此后，法良禅师继续建造，又经过北魏、西魏、北周、隋、唐、五代、宋、西夏、元诸代不断凿建。在莫高窟洞窟群已编号的 492 个洞窟中，存有壁画 4.5 万平方米，彩塑二千四百余尊。莫高窟位于丝绸之路河西走廊西端，是世界著名的中国石窟之冠。一千多年过去了，昔日繁华的丝绸之路已经沉寂，但莫高窟却依旧向世人展示着令人目

不暇接的、绚烂而神奇的佛境奇观。

由莫高窟（别名千佛洞）、西千佛洞、榆林窟、小千佛洞组成的敦煌石窟是举世闻名的中国古代艺术宝库。莫高窟是现存 492 个洞窟的总称。这些洞窟分上下 5 层，高低错落，鳞次栉比，分布于鸣沙山东麓南北长 1600 米的断崖上。这些大小不均的洞窟中最大的 16 窟，面积为 268 平方米；最小的 37 窟，刚能把头伸进去。这些洞窟中共有塑像 2450 尊，壁画四万五千多平方米。如果将窟内所有壁画连在一起，将会组成一幅名列世界之最的长达 2.5 万米的巨型画廊。

莫高窟的石佛像是中国佛教艺术的开山之作。石窟中，汇聚了无数古代艺术大师们的传世杰作。为了在粗糙的岩壁上作画，古代艺术大师们先在洞壁四周和顶部抹上草泥，以白垩打底，再绘制壁画，并配以彩塑。壁画主要以佛教故事为题材。彩塑均为泥质造像，有单身像和群像。居中心的是佛像，弟子、菩萨、天王、力士侍立两侧，少则 3 尊，多则 11 尊。另外，窟内还有很多有价值的文物，例如被考古学家认证为我国最古老的地图——四十多平方米的《五台山图》。

"瘦骨清相"风格的出现，标志着佛像艺术被世俗精致的审美趣味所渗透，这也体现在佛像造型上。

这是当时的人们所赞誉和推崇的。后来的唐塑则以浓重繁复的彩绘，渲染出"丰肌肥体"的富贵之态，从艺术的角度来说，这种衍化是造型的退化。从宗教精神的角度来说，它显示了信仰的某种涣散。

至少两种中原画风影响了莫高窟壁画的艺术风格。曹弗兴的"曹衣出水"是北朝时期壁画特点。曹弗兴虽然居住在远离中原的龟兹，但这种被尊称为"曹家样"的艺术风格所表现出的对于"线"的依赖和钟情，正好表明了它是对中原传统的秉承。采用"曹家样"画法的佛画，袈裟紧贴在富有弹性的肌肤上，衣纹密叠，仿佛被水浸润过一样。而吴道子的"吴带当风"则体现在唐代壁画之中。这种被称为"吴家样"的画法十分重视人物衣袂冠带的描画，形成莫高窟唐代佛画艺术"天衣飞扬，满壁飞动"的奔放、潇洒格调。

在漫漫黄沙的包围中，莫高窟的佛境盛景曾是古代商旅们的心灵安慰和视觉欢愉；在现代则成为世界上许多人渴望一睹的艺术奇迹。而且，世界性专门学科——敦煌学也因莫高窟所珍藏的文物和历史文献而产生并发展起来了。

古京都遗址

古京都遗址建造于公元 794 年（平安时代开始），位于前首都平安京区域，从那时起到江户时代，它就一直作为首都，同时它也孕育、造就和保存了日本许多优秀灿烂的文化。

古京都遗址与古京都这一地区的其他历史建筑一起被划归到世界遗产范围，并被确认为重要的历史和文化宝库；同时它还被作为日本典型的文化遗产得到重点保护。有许多已经被确认为国家历史建筑和特别保护的花园，同时被列入文化保护的范畴。

古京都的最初设计是仿效中国隋唐时代的都城长安和洛阳，整个建筑群呈矩形排列，以贯通南北的朱雀路为中心线，将整个城市分为东西二京，东京仿洛阳而建，西京则仿长安城而建，中间为皇宫。宫城之外是皇城，皇城之外是都城。城内街道呈棋盘形分布，东西、南北排列规整，布局整齐，城市明确地划分出了皇宫、官府、居民区和商业区。

京都是世界闻名的文化古都，市内历史古迹众多，建筑古典精致，庭园清新俊秀。近年来由于火灾不断，众多的历史遗产中已有许多遗迹被烧毁了。

平安神宫的殿堂仿照平安朝皇宫正厅朝堂院修建，为明治时代庭园建筑的代表作。其大殿为琉璃瓦建筑，远眺屋宇，金碧辉煌。神宫由东南西北四苑组成，其间建有白虎池、栖凤池、苍龙池。湖上的亭阁，大都仿照中国西安寺庙的结构修建，极具中国建筑风格。

金阁寺，原为西园寺恭经的别墅，后给了足利义满。金阁寺建筑结构为三层，第二层和第三层的外墙用金箔贴成，远远

金阁寺

这栋"四周明柱、墙少的建筑物"，使人联想起船的结构，而下面的一池碧波则给人以海的象征，金阁就像是一艘度过时间大海驶来的美丽的船。

望去一片金碧辉煌。三层高的金阁寺，每层都代表着不同时代的风格：第一层是平安时代，第二层是镰仓时代，第三层是禅宗佛殿的风格。塔顶尾部装饰着一只金铜合铸的凤凰，堪称一绝。

银阁寺位于京都东山麓，与金阁寺齐名。银阁寺原来也是别墅，兴建时曾计划其表面以银箔为壁饰，但建造完成时并未付诸实施，所以改名慈照寺，但还是俗称银阁寺。

大德寺建于 1319 年。著名的一休大师（即"聪明的一休"）经过几十年的辛苦布教后，以 80 岁的高龄任大德寺的住持，重建了大德寺。

泰 姬 陵

泰姬陵，全称"春吉·玛哈尔陵"，是印度最美的建筑之一。它位于距新德里二百多千米处的阿格拉城内。它是莫卧儿王朝第五代皇帝沙贾汗为纪念他的已故爱妃蒙泰姬所建的陵墓，被誉为"完美建筑"。

泰姬陵以其独一无二的美而闻名于世，它优雅地矗立在印度阿格拉的平原上，接待来自四面八方的游人。

泰姬陵是一座完全用白色大理石建成的巨大陵墓，是莫卧儿皇帝沙贾汗为纪念他心爱的妃子蒙泰姬于1632年—1654年修建的。它由殿堂、钟楼、尖塔、水池等构成，全部用纯白色大理石建成，用玻璃、玛瑙镶嵌其中，璀璨夺目，具有相当高的艺术价值，是伊斯兰教建筑中的代表作。

建造泰姬陵的大理石是从322千米外的采石场运来的，陵墓上的文字是用黑色大理石制成的，并有许多宝石镶嵌在大理石的表面。在阳光的照射下，闪耀着璀璨的光芒。从前曾有银制的门，里面有金制栏杆和一大块用珍珠穿成的布盖在玛哈尔的衣冠冢上。这些珍贵的东西有的被窃贼们偷走了，还有很多人妄图挖走镶嵌在大理石上的宝石，但是不管这些人怎样破坏它，泰姬陵雄奇壮美的形象仍然风采依旧。

泰姬陵庄严雄伟的门道象征着天堂的入口，上方有拱形圆顶的亭阁。原先这里有一扇镶嵌着几百个银钉的

门。但后来这些东西都被陆续盗走，现在的门是铜制的。

泰姬陵作为印度人民的非凡建筑作品之一，被所有的游客称为"印度的珍奇"。它是一个完美无缺的艺术珍品，整个建筑极具哲理性，它的构思和布局充分体现了伊斯兰建筑艺术庄严肃穆、气势宏伟的特点。

建筑群总体布局优美是泰姬陵的第一个工艺成就。泰姬陵的布局精致，色彩沉静明丽，湛蓝的天空下，两侧朱红色的建筑物把晶莹洁白的陵墓和高塔映照得如冰如雪。泰姬陵的形、影荡漾在清澈的水池中，当喷泉飞溅，水雾迷漫时，它闪烁颤动，倏整倏散，飘忽变幻，景象尤其迷人。陵墓本身肃穆而又明朗的形象是泰姬陵的第二个成就。它的构图稳重而又舒展、线条洗练、主次分明。大小回廊造成的层次进退、光影变化、虚实对照，大小穹顶和高塔形成了活泼的天际轮廓，穹顶柔和的曲线等等，使陵墓除了具有肃穆的纪念性之外，还给人以开朗亲切之感。泰姬陵的第三个成就是运用了构图的对立统一规律，使这座很单纯的建筑物丰富多姿。陵墓方形的主体和浑圆的穹顶在形体上形成了鲜明的对比，同时它们又相互融合、统一，构成了完美的整体轮廓。

陵园分为两个庭院：前院虽小，但古树参天，奇花异草，芳香扑鼻，开阔而幽雅；后面的庭院占地面积最大，庭院内有一座喷水池。喷水池中有一排排喷嘴，喷出的水柱错落有致，犹如游龙戏水。后院的主体建筑，就是著名的蒙泰姬的陵墓。用洁白的大理石筑成的陵墓基座高7米，长和宽各为5米，基座的顶端建有巨大的圆球，四角耸立着40米高的庄严肃穆的圆塔。中央墓室放着蒙泰姬和沙贾汗的两具石棺，棺上宝石闪烁。棺椁上的茉莉花图案精致而色彩华丽，是由

玛瑙、翡翠、水晶、珊瑚、孔雀石等二十多种价值连城的宝石镶嵌而成，工艺精细，巧夺天工，无与伦比。

从外表上看，由于整座陵墓均由纯白色大理石砌成，因此，一日之中，随着早、午、晚三时阳光强弱的不同，照射在陵墓上的光线和色彩随之也变幻莫测，呈现出不同的奇景。早上是灿烂的金色，中午的阳光下是耀眼的白色，斜阳夕照下，白色的泰姬陵从灰黄、金黄，逐渐变成粉红、暗红、淡青色，而在月光下又成了银白色，白色大理石映着淡淡的蓝色荧光，更给人一种恍若仙境的感觉。有人说，不看泰姬陵，就不算到过印度；不在月光下来到泰姬陵，就不算到过泰姬陵。正如沙贾汗在陵墓建成之初所说："如果人世间有天堂与乐园，泰姬陵就是这个乐园。"

仰光大金塔

富丽堂皇、璀璨华贵的仰光大金塔，因为佛舍利与佛祖头发同葬一处的传说而成为佛教徒的圣地。缅甸人以其特有的智慧和虔诚，使大金塔永远屹立在世界艺术之林。

缅甸的首都仰光是缅甸全国的政治、经济、文化中心和交通枢纽。仰光风光秀丽，景色怡人，属热带雨林气候，长年花红柳绿。还有皇家湖和茵雅湖这两个清澈如镜的大湖位于一片绿树丛中。举世闻名的仰光大金塔，便耸立在茵雅湖畔丁固达拉岗上。

建于公元前6世纪的仰光大金塔又叫瑞光大金塔，它是一座佛教塔。15世纪中期，勃固王勃尼亚扬重修金塔，将它增高至92米。1453年登基的缅甸历史上唯一一位女王信修浮和达摩悉提王对大金塔进行了一次大规模的修葺，还用石块修砌了塔基，在塔四周修建佛亭，并且铸造了一口重二百多吨的铜钟。15世纪末期，信修浮女王的孙子勃尼亚金道在大金塔四周修筑了48座小塔。16世纪，东吁王朝国王曾给大金塔贴金。1581年，阿瓦王朝的南达勃冈王在佛塔基部建了金银伞形花塔，并献上嵌有2000颗红宝石的顶伞。18世纪70年代后期，信古王在塔基、塔坛四周又修建佛殿，并铸造了四尊五合金佛像，后来他还在金塔西北面铸造了一口重25.6吨的铜钟。1871年，敏东王又重修大金塔，并且重修了今天仍能看到的大金塔上的宝伞。

如今，缅甸还设立了一个专门管理大金塔的委员会负责募捐修缮金塔，每隔35年便会为金塔贴金整修一次。

大金塔如同一座不断发展的露天博物馆，不仅记载了缅甸人的历史，还包含着缅甸人对自身信仰的热情和执着。如今，耸立在茵雅湖畔散发着耀眼光芒的大金塔已成为缅甸的民族象征。

现在的大金塔高 99 米，加上基座共 113 米。总周长达 435 米的塔基为十字折角形，并饰以无数水平线脚。金塔四周环墙，在东南西北四处各开一个入口，并在每座入口前放有一对石狮子。其中南门为主入口，安装了供人使用的电梯。登上七十余级大理石阶梯，就会抵达大塔台基平面。在台基四角还各有一座小型石塔，中间为大塔本身。塔身由砖砌成，像一口扣在地面上的巨钟。用一千多张纯金箔贴面的主塔上端，所用黄金达七吨多重，这不能不说是一个奇迹。整个金塔在阳光照耀下，金碧辉煌，灿烂夺目。塔顶有一把金属宝伞，重 1250 千克，宝伞下镶有 5448 颗钻石和 2000 颗宝石，顶端的大钻石重 76 克拉。在宝伞上还悬挂有 1065 个金铃和 420 个银铃，微风过处，铃声悦耳。由缅甸不同地区和不同民族捐赠的这些风铃凝聚着缅甸人民的心血、系着缅甸人民的祝福。这些风铃在风雨中摇曳了几个世纪，演奏着缅甸人民的团结之歌，表达着千千万万善良的人的美好心愿。

64 座姿态各异的小塔和 4 座中型佛塔环围在金塔四周，金塔的

壁龛里供奉着大小不一的玉雕佛像。塔下四角均有缅甸式的狮身人面兽。金塔四周的铜钟数目众多，浑厚低沉的钟声传达着善男信女们的虔诚祝福和祈愿。

在大金塔东南角有一株菩提树，树影婆娑，透出一种神秘的色彩。据说，这株菩提树是从印度释迦牟尼金刚宝座的圣树苗移来的。塔基四周是 44 个伞形花塔，82 座穴亭和各种大小佛殿。这些建筑错落有致，与主塔巧妙搭配，使整个建筑群更为庄严祥和，气势宏伟。

在大金塔的佛廊、佛殿和佛亭上装饰着许多精美的浮雕和绘画，那些浮雕和画面上的佛像肃穆庄严，与形态各异、狰狞可怖的神怪异兽形成鲜明的对比，充分体现出缅甸人高超的技艺，也展示了其宗教艺术的独特魅力。

吴哥古城

吴哥古城是柬埔寨的代表景观，建于公元9世纪后期。古城早期建筑以吴哥寺最负盛名，而寺中的浮雕更是引人入胜，此外还有宫殿建筑群。晚期建筑主要是王城，以"吴哥微笑"闻名于世。

吴哥古城于9世纪后期初建，人们主要根据古印度宗教宇宙观的寓意所设计：古城为正方形，中心则是一座寺庙，代表宇宙的中心须弥神山，而周围的建筑群则代表着世界这一大实体。从寺庙出发共有四条道路，可以通向东西南北四方，代表宇宙的四个基本方向。13世纪是吴哥古城的全盛时期，居民已有百万之多。吴哥寺不仅规模宏大，分布也十分均匀，巧妙地运用了透视与对称的表现手法，给人以巍峨高耸、稳定庄重的感觉。

吴哥古城早期建筑以吴哥寺最负盛名。高棉国王苏耶跋摩二世（1130年—1150年）所修建的吴哥寺又称"吴哥窟"，梵语意为"城市似的庙宇"，后来成为他的陵墓。吴哥寺于15世纪上半叶被人们废弃，到了19世纪中叶才被重新整修。寺庙区呈长方形，周围有宽190米的壕沟，面积为85万平方米，壕沟内修筑石两面石砌围墙，门内为一庭院，院东有一长347米的大道，可通向内围墙入口处。大道两侧有藏书室和池塘各一处。墙内的主殿建于三层台基之上。第一、二层台基均为长方形，第三层为正方形。台基顶部建有五座塔，

中央一座塔最高，达 42 米。全部建筑用沙石砌成，艺术装饰主要集中在建筑外围。

吴哥寺的塔身、塔尖、门楼、回廊内壁、廊柱、石墙、基石、窗棂、栏杆之上，布满了浮雕，这些精致的浮雕的内容取材于印度史诗《摩诃婆罗多》《罗摩衍那》，以及印度教神话《乳海》中有关印度大神毗湿奴的传说。吴哥寺中围绕主殿第一层台基的回廊被称为"浮雕回廊"，长达 800 米，墙高 2 米有余。其中有毗湿奴与天魔交战图、猴神助罗摩作战图及苏耶跋摩二世骑象出征图等。

栩栩如生的舞蹈雕塑也是吴哥浮雕的一大特色。在举国信奉佛教的吴哥王朝时期，舞蹈艺人是人们心目中的仙女。因此，多达一千七百多个造型优美的舞蹈雕像出现在吴哥浮雕中，如百花丛中的仙女舞雕像。传说，这是表现阿普萨拉率侍女们下凡，采摘鲜花并在百花园中起舞的情景。舞蹈雕像造型有棱有角，曲线富柔韧感，在世界艺术中是不可多得的珍品。

吴哥古城早期建筑还有宫殿建筑群、寺庙等。其中最精美的一座寺庙是位于城东北 20 千米的班迭斯雷寺。寺中心为三座并列的塔形神祠。寺中主神湿婆神像用砂岩雕成，生动匀称，是整个高棉时代最杰出的圆雕。

吴哥古城晚期建筑主要是王城。苏耶跋摩七世于 1200 年修成。王城范围较早期的吴哥城小，巴肯寺、吴哥寺等就都留在王城之外。王城呈正方形，有石墙环绕。城门两侧有三尊巨像，门外壕沟大桥

两侧各有跪坐状石神像 27 尊。石神像之间以蛇身相连，构成栏杆。神像为大乘佛教的观世音自在王。

由国王苏耶跋摩一世始建，苏耶跋摩七世晚年重建的吴哥王城的中央神庙巴阳庙，现高 45 米，从上到下共有 52 个塔顶，台基顶部中央有一主塔。金塔周围排列石塔 16 座，整个台基上共建塔 49 座，塔四面刻有巨大的四面佛头像，高达 30 米，佛教徒称为"阿瓦罗迎提瓦拉"。同时带有男性的力量和女性的外貌的佛的头像呈沉思状，头戴王冠，面容端庄俊美，有力的眼神，高挺的鼻梁，宽厚的嘴唇带着安详含蓄的微笑，这就是举世闻名的"吴哥微笑"。神像虽经千年的风雨侵蚀但仍然很完整。

高棉的一个民间传说认为，吴哥古城的寺庙和金字塔都是由天神的建筑师"维斯瓦卡玛"亲手建成的，传说是他教会了人类建筑的技巧。吴哥建筑真可称得上是巧夺天工。

耶路撒冷

耶路撒冷是一个宗教圣地，基督教的圣墓教堂、犹太教的哭墙和圣殿山、伊斯兰教圣石庙皆聚集于此；耶路撒冷也是一个激进对立的城市，从它建成之始就充满了战火硝烟。

耶路撒冷是基督教、犹太教和伊斯兰教的宗教中心，数个世纪以来，这三大信仰团体的信徒共同居住在这个用墙围住的城市中。

耶路撒冷由旧城区和新城区构成。旧城区由城墙包围，它仍保留着中世纪城郭面貌。城墙内分为基督教区、阿拉伯区、犹太区、亚美尼亚天主教区四个不同的宗教区，以及圣殿山区。

耶路撒冷的圣殿历史可谓一波三折，历经沧桑。公元前 10 世纪，大卫王的儿子所罗门继位，在锡安山上建成了第一座犹太教圣殿，即所罗门圣殿，用以收藏刻有"摩西十诫"的石板。教徒们来此朝觐和祭拜，耶路撒冷也就成为犹太人政治和宗教活动的中心。

公元前 587 年，圣殿被攻占了，耶路撒冷的圣殿被巴比伦王尼布甲尼撒毁坏。约公元前 520 年，圣殿被返回耶路撒

冷的犹太人重建，之后又遭毁坏。

公元前19年，犹太王希律一度下令再次重建圣殿。

公元638年，穆斯林领袖宣布锡安山为伊斯兰教圣地，公元687年，"阿克萨和圣石"清真寺建成。这座清真寺被称为圣殿山区最美的建筑，其光芒闪耀的金色圆顶用金箔贴成，熠熠生辉。

位于东耶路撒冷老城卡尔瓦里山上的圣墓教堂是基督教圣地，又被称作复活教堂。耶稣的坟墓及其入口都在此教堂之内，所以基督教徒不分教派和所属教会，都把耶路撒冷奉为圣地。公元135年，罗马皇帝哈德良攻占耶路撒冷，并在耶稣墓所在地修建了维纳斯神殿。公元326年，罗马皇帝君士坦丁的母亲海伦娜到耶路撒冷进行了一次具有历史意义的朝拜。后来，君士坦丁拆毁了维纳斯神殿，建造了一座由长方形建筑组成的教堂。教堂位于耶稣墓的对面，紧靠旁边的是耶稣殉难处——"骷髅地"。此后教堂多次被毁，到了12世纪，教堂被重建，并和耶稣墓、"骷髅地"融入一座辉煌的罗马式大教堂之中，从而形成著名的圣墓教堂。

耶路撒冷这个集政治、文化、宗教于一体的城市，有着悠久的历史，璀璨的宗教文化。这个宗教信徒集聚的圣地是人们永远的心灵膜拜之地。

大马士革

这是一座绿洲般的城市；这是一座基督教文化与伊斯兰教文化相互交织的城市；这是一座与无数传说相联系的城市；这更是一座只有天堂才能比拟的城市。这就是叙利亚首都大马士革。

大马士革，这座世代诗人所讴歌的古老而美丽的东方城市，坐落在叙利亚西南部。大马士革是叙利亚的首都，素有"人间天堂"的美誉。

作为一片山脉与沙漠之间的天然绿洲，大马士革主要受惠于巴拉达河。早在六千多年前，便有人在这如同仙境的地方定居，后来不断地有人来到这里，最后这个村落发展成城市。历史学家们都把大马士革看成是城市文化的发源地，它比欧洲任何一座城市都要古

宗教圣地

大马士革是一个宗教信仰的名城，在基督教和伊斯兰教这世界两大宗教的发展历史上，它占有重要的历史地位。到 2004 年，当地已有近 400 座伊斯兰清真寺和七十多座基督教教堂。

老。世界上没有其他任何地方能在如此长的时期内持续有人居住。

无数传说与这座圣城联系在一起。它既是基督教朝圣的地方，也是伊斯兰教朝圣的地方，成为两个宗教的圣城。

这座由山脉围绕的绿洲城市主要是地中海文化"帮助"建造的。阿拉姆人在巴拉达河边为他们的神哈达建造了一座圣堂；罗马人为其主神朱庇特建造了一座寺庙；基督教徒也在此建造了他们的教堂。人们在对这座古老的城市的中心及其带有七座塔的城墙进行发掘时，也许能找到亚述、巴比伦、波斯和希腊各族的起源，因为它们都曾经是大马士革历史的一部分。

这座城市从公元636年起发展成为伊斯兰教的精神和文化中心。伊斯兰教的清真寺和伊斯兰教徒学校数量远远超过了拜占庭式的基督教堂数量。

在这里出售的著名大马士革钢制刀剑和黄金饰品，以及上千座美丽的阿拉伯风格建筑使古老的内城区呈现出东方的韵味。

大马士革伊斯兰风格建筑的主要代表是建于公元8世纪的倭马亚清真寺，它被从朱庇特神庙延伸出来的城墙包围。在内院，是由6根石柱支撑着的拜占庭式装饰的六角形建筑。在一个三殿式祈祷堂里安放着圣物——施洗约翰的颅骨。

巴比伦

关于巴比伦，有许多充满了沧桑的历史传说。曾经辉煌的巴比伦王朝早已被历史的风尘湮灭，只有这座古城依旧静默地立在那里，低诉着失去的繁华和曾被长埋的凄凉……

位于伊拉克首都巴格达以南90千米处，幼发拉底河右岸的巴比伦，建于公元前2350年，是世界著名的古城遗址，与古代中国、印度、埃及并称为人类四大文明发祥地。巴比伦意即"神之门"，幼发拉底河自北向南纵贯全城。由于地处交通要塞，"神之门"不断扩展，成为幼发拉底河和底格里斯河流域的重镇。公元前2000年—前1000年，作为古巴比伦王国和新巴比伦王国的首都，这里曾是西亚最繁华的政治、经济、商业和文化中心。

大约在公元前19世纪，阿摩利人建立以巴比伦城为首都的巴比伦王国，史称古巴比伦王国。大约公元前1792年—前1750年，其第六代国王汉穆拉比先后征服其他城邦，统一了两河流域，建立起一个强大的中央集权制国家，成为西亚古代奴隶制国家的典型。汉穆拉比死后，古巴比伦王国逐渐衰落，公元前1595年被赫梯王国所

技艺精湛

石雕一般采用大理石、花岗石等做材料。巴比伦的石雕以精湛的技艺、独具匠心的构思和精致的细节刻画而闻名于世。

灭。公元前 626 年，闪米特族的一支迦勒底人占领巴比伦，重建巴比伦王国，史称新巴比伦王国（公元前 626 年—前 538 年），也叫迦勒底王国。新巴比伦王国的疆域包括两河流域的大部、叙利亚、巴勒斯坦以至阿拉伯北部地区。公元前 6 世纪后半期，国势最为强盛，国王尼布甲尼撒二世多次发动对外战争，进行扩张。后来由于政变屡起，国势顿衰。公元前 538 年为波斯所灭。

古巴比伦城城垣雄伟、宫殿壮丽，充分显示了古代两河流域的建筑水平。作为城内主要建筑的埃萨吉纳大庙及所属的埃特梅兰基塔庙，高达 91 米。基座每边长 91.4 米，上有 7 层，每层都以不同色彩的釉砖砌成，塔顶是一座用釉砖建成，供奉玛克笃克神金像的神庙。据说，这就是《圣经》中所说的人们未能造成的通天巴别塔。"女神门"是城内古建筑的精华之一，高 12 米、宽近 20 米，门墙上绘有形象生动的釉彩动物图案。

被列为古代世界七大奇迹之一的巴比伦空中花园由以兴建宏伟的城市和宫殿建筑闻名于世的新巴比伦王国国王尼布甲尼撒二世（公元前 604 年—前 562 年）主持建造。相传。国王尼布甲尼撒为取悦爱妃，下令在都城巴比伦兴建了一座神奇的花园。这座花园采用立体叠园手法，在高高的平台上，分层重叠，层层遍植奇花异草，并埋设了灌溉用的水源和水管，花园由镶嵌着许多彩色狮子的高墙环绕。从远处望去，花木好像长在空中，故称其为"空中花园"。

尼布甲尼撒在位期间，巴比伦的国势最为强盛。他曾多次发动对外战争，进行扩张。后来于公元前 538 年为波斯所灭。存在仅 88 年的新巴比伦王国灭亡了。巴比伦的繁华，巴比伦的奇迹，巴比伦的高墙铜门和它的"空中花园"，都变成了一堆一堆的荒丘废土。

然而始终令人们忧虑不已的是，在这

片据说是《圣经》中伊甸园原型的土地上，战争始终与文明相伴，而且从未停止过。然而，也许正是因为优越的地理位置，才使它不断成为政治和战争的舞台。当巴比伦已经成为这个世界上最为精妙绝伦的城市的时候，整个欧洲还处于蛮荒状态，这里曾是世界著名的大都市，《一千零一夜》的故乡，其科学、哲学和文学的成就在文明史上极为罕见。纵观数千年来的两河流域兴衰史，那一场战争不是对文明的破坏呢？

后来波斯人、马其顿国王亚历山大和帕提亚人先后占领了巴比伦。巴比伦城的衰落始于公元前 4 世纪，至公元 2 世纪已成为一片废墟。当年"女神门"内庆典大道两旁的 120 尊石狮早已荡然无存。

如今，伊拉克政府在巴比伦遗址和巴格达市内仿古重建了宁马克神庙和空中花园，古城尽量依照文献来修建，虽不复原来的恢弘，但却也重现了这座古城昔日的风韵。

伊斯法罕

"**伊**斯法罕，拥有世界的一半。"何等美丽的城市，让波斯诗人倾情地赞叹；怎样独具魅力的地方，让人们竞相来此？每个来到伊斯法罕的人都将其比为天堂。

伊斯法罕，正如它轻灵曼妙的名字一样，这座伊朗第三大城市承载了众多不一样的东西，透露出浓郁的艺术气息。伊斯法罕，这座历史古城，曾经是"丝绸之路"的南路要站，是非常重要的历史文化名城。

伊斯法罕位于伊朗扎格罗斯山和库赫鲁山的谷地之中，从 11 世纪起，波斯塞尔柱王朝开始定都伊斯法罕，直到 18 世纪的萨法维王朝，这里一直作为都城，尤其是萨法维王朝时期的阿拔斯大帝更是把伊斯法罕建设成了一座美丽而富足的城市。

这里建有 162 座清真寺、48 所经学院和 1800 家商客栈，还建有多座图书馆、天文台和医院。现在，有 10 座古老的清真寺坐落在城市内，其中体现波斯穹形建筑风格的有著名的伊斯法罕大清真寺和谢赫·鲁特福拉清真寺。还有宏伟精致的阿里·卡普宫、别具风格的阿拔斯大帝"四十柱宫"，名为四十柱宫，但实际上可以数出来的只有 20 根。这其中的秘密就在于殿前的大水池，宫殿的柱子倒映在清澈的水中，仿佛又出现了 20 根柱子，故称"四十柱宫"。面积六万多平方米，建筑面积一千多平方米的宫殿坐落在一个大花园里，它

建于 15 世纪，可以说是典型的波斯式宫殿，曾经用来接待贵宾和外国使节。大厅的墙上有一幅巨大的壁画，大致是叙述当年的文治武功、朝廷盛况。

著名的伊玛目广场体现了伊斯法罕的建筑之美，这里名副其实地具有世界文化遗产的气势。伊玛目广场在革命前称国王广场，四平八稳的平衡设计让整个广场显得格外庄严与壮观。宫殿、清真寺、巴扎组成了周围的主体建筑，中间的广场部分过去曾是国王进行军事操练和马球比赛的地方。登上曾经象征着最高荣誉的阿里·高普宫，整个广场尽收眼底。从阿里·高普宫的观望台继续往上走，就到了曾属于国王的私人领地，小穹顶的设计让面积不大的房间气势不减。这里曾经是国王举行音乐宴会的地方，墙上各种形状的装饰造型都来自酒器，可以想象那是怎样一个繁盛的时代。

当时王国的兴盛体现在契黑尔·索通宫，这里是除了伊玛目广场最有看头的地方。殿里有数幅宏大的壁画和精致的雕刻艺术，描绘了当时人们的生活、劳动和征战场面。伊朗是一个从波斯时代就在征服与被征服中反复纠葛，传承文明的古老国度。当时定都伊斯法罕的萨法维王朝汇集了世界各地的工匠，于是在宫殿中还能看到大批欧洲风格的画作，甚至在宫殿的外檐上，还能惊奇地发现排列整齐的滑轮，那是夏天国王用来挂幔帐乘凉的，奇妙极了。

　　伊斯法罕王侯广场坐落在伊朗中部伊斯法罕省首府市中心。伊斯法罕古代为东西方贸易集散地。阿拔斯大帝亲自设计的建筑群以宽阔的广场为中心，即"美丹"王侯广场，又称"美丹·纳奇·贾汗"，意思是"世界的写照"。巍峨宏伟的伊玛目霍梅尼清真寺雄踞广场一侧，它原名皇家清真寺，一般称为蓝色清真寺。这座供皇室礼拜专用的清真寺由波斯萨法维王朝阿拔斯一世于1612年敕建，17年后竣工。该寺造型保持了传统的波斯建筑风格。寺院的内外围墙和一些高大圆柱，都以蓝色的小块瓷砖拼嵌成一幅幅瑰丽动人的波斯传统图案，故又称东方的"蓝色清真寺"。

　　建于公元前四五世纪的伊斯法罕是最古老的城市之一，历史上它曾两次被定为伊朗首都。"伊斯法罕"一词源自波斯文"斯帕罕"，意思是"军队"——古时这里曾是军队的集结地。

圣索菲亚大教堂

"**圣**索菲亚"在基督教中即"上帝智慧"之意。圣索菲亚大教堂建于拜占庭时期，它历经沧桑一千四百多年，目睹了君士坦丁堡的兴起到其被奥斯曼人占领的过程，见证了一个王朝的兴衰。

圣索菲亚大教堂是由东罗马帝国皇帝君士坦丁大帝在位时兴建的。公元 537 年，查士丁尼皇帝又对这座教堂进行了重建。圣索菲亚教堂气势恢弘，充分体现出了卓越的设计理念。圣索菲亚大教堂曾经在奥斯曼土耳其帝国兴起时，一度成为土耳其清真寺，如今的圣索菲亚大教堂属于基督徒和伊斯兰教信徒共用的宗教博物馆。

圣索菲亚大教堂作为基督教的宫廷教堂，持续了 9 个世纪。1453 年 6 月，奥斯曼土耳其帝国兴起，国王穆罕默德如愿拿下了君士坦丁堡，终于走进了他向往已久的圣索菲亚大教堂。随着他一声令下，所有的基督雕像被抬了出去，教堂内全部东罗马帝国的壁画都用厚厚的石灰浆遮盖住，并在大教堂周围修建了 4 个高大的尖塔，将教堂改为清真寺，我们今天看到

的圣索菲亚大教堂就是当初的清真寺。

圣索菲亚大教堂的建筑风格十分独特，在空间上大胆使用了巨型的圆顶，室内也没有使用柱子来支撑，而且在平面设计上创新采用了希腊式的十字架构图，这些都是圣索菲亚教堂的魅力之处。由于地震和战火的破坏，圣索菲亚大教堂经历过多次重建，公元532年，查士丁尼皇帝选派了一万名能工巧匠，投入了32万两黄金进行装饰，从而使得这座教堂更加华美。圣索菲亚大教堂坐落在当时的市中心，从统治者对圣索菲亚教堂倾注的心力很容易看出统治者为了炫耀帝国的财富与权力以及对宗教的奉献而下定的决心。圣索菲亚大教堂的大圆顶离地约60米，直到17世纪圣彼得大教堂竣工前，圣索菲亚大教堂一直是全世界最大的教堂。

圣索菲亚大教堂的内部拥有众多精美的雕刻，同时还镶嵌了大量的马赛克拼图。从公元4世纪—公元6世纪开始，基督教会逐渐对教义与救赎的观念有了更深刻的认识，信徒除了透过传统的寓言故事与象征手法来理解教义，也逐渐产生将圣母、圣子、圣徒等人物画像化的需求。

世界有名的五大圆顶建筑之一的圣索菲亚大教堂，其外观是一座三拱长方形建筑，大约有二十层楼高。它建筑面积近八千平方米，

其中中央大厅的面积占据了一多半，教堂前厅六百多平方米。幸福而快乐的天堂景象，通过绘在教堂内墙上的天使杰布拉欣的巨幅油画，展示给教徒。如果面对这一切，会为一千多年前人类的祖先能够建造出设计如此完美、艺术如此独到、气氛如此庄严的宏大建筑而惊叹。

圣索菲亚大教堂留下了许许多多的历史典故。公元 537 年 12 月 27 日，教堂举行首次礼拜仪式，据说查士丁尼走进教堂时，禁不住喊道："感谢上帝挑选我来完成这个宏伟的事业！"公元前 10 世纪的古以色列国王所罗门以修建耶路撒冷富丽堂皇的庙宇和宫殿而闻名，而查士丁尼也以修建圣索菲亚大教堂为荣。

教堂对面有一个拜占庭时期的竞技场，初建于公元 200 年，后由东罗马帝国君士坦丁皇帝扩建成拥有 10 万个座位的巨大竞技场，专门用以举行战车比赛，是古都当时的文化娱乐中心。旧址上仍耸立着 3 个高大的石碑、铜柱和砖砌的尖塔。

1975 年土耳其政府拨款对大教堂进行了全面修复。目前，大教堂已成为世界最著名的教堂之一。

特洛伊古城

看过《荷马史诗》的人一定都知道特洛伊这座城市，也一定知道"木马计"这个经典的战例。那么，特洛伊古城位于何方？那里真的有过传说中的战争和那些英勇顽强的士兵吗？

据史料记载，特洛伊古城大约在公元前16世纪时由古希腊人所建。该城的具体位置在小亚细亚半岛的东南方，紧靠着地中海，即今天的土耳其境内的希萨利克附近。公元前12世纪初，希腊城邦中的迈锡尼人想要对特洛伊发动战争，于是他们联合希腊其他城邦组成联军，渡海远征特洛伊古城。这场战争极为惨烈，前后延续了十年之久，交战双方全部筋疲力尽，西方史学界将这段典故称为"特洛伊战争"。

后代的史学家和考古学家为了找到特洛伊古城历尽艰辛，从19世纪中期开始，一直进行勘探、挖掘，直到20世纪30年代，特洛伊古城才最终重见天日。

在最终呈现在世人面前的深达30米的挖掘地层中，人们终于见到了这座传说中的古城。经过测定，考古学家把这个深达30米的挖掘地层划分为9个时期。最古老的要数修建于公元前2600年—前2300年的城堡。这些巨大的城堡直径一百二十多米，中心的建筑是一座王宫。在出土的王家宝库中，人们发现了众多的金银珠宝和青铜器，出土了大量红色与棕色的陶器。另外，公元400年时修建的雅典娜神庙和议事厅、剧场的废墟等，也向世人证明了这座古城的存在与繁荣。

木马攻城计

特洛伊木马的故事是在古希腊传说中，希腊联军对特洛伊久攻不下，于是假装撤退，留下一具巨大的中空木马。特洛伊人把木马运进城中作为战利品。夜深人静之际，木马腹中躲藏的希腊士兵打开城门，特洛伊沦陷。

从城市遗址废墟中，人们不难看出特洛伊古城毁灭于一场大火与劫掠，这也从一个侧面有力地证明了《荷马史诗》中记载的准确性。

在《荷马史诗》中，特洛伊王子帕里斯到希腊城邦斯巴达做客，受到了斯巴达国王墨涅拉俄斯的盛情款待。在欢迎宴会上，英俊潇洒的帕里斯与美艳绝伦的斯巴达王后海伦一见钟情，两人发誓永不离弃。

墨涅拉俄斯联合希腊各城邦的联军远征特洛伊，恶战十年，最终特洛伊在敌人的木马计下沦陷。

在今天的土耳其境内特洛伊遗址附近，土耳其政府建起了一座博物馆。馆中稀有的珍品，包括普里阿摩斯的国王的宝库和海伦的项链，已被盗窃文物者盗走。尽管如此，特洛伊遗址仍吸引大量游客前来游览。

塔克西拉古城

位于巴基斯坦首都伊斯兰堡以西二十多千米的塔克西拉，是一座建于 2500 年前的古城。古城里既有高大的城垣、别致的佛塔，又有逼真的人物浮雕，受到世人的关注。

公元前 6 世纪，塔克西拉古城为犍陀罗国的都城。公元前 5 世纪，古城所在地区成为波斯大流士帝国的一部分。公元前 4 世纪末，古城已成为南亚次大陆西北地区最大的城市。公元前 3 世纪，由于孔雀王朝君主阿育王信奉佛教，塔克西拉进一步发展成为香火鼎盛的佛教圣地和学者云集的佛教、哲学和艺术研究中心。

唐代高僧玄奘的《大唐西域记》将塔克西拉译为"呾叉始罗"，梵文译为"石雕之城"。我国晋代高僧法显于公元 405 年—公元 411 年也访问过此地。今天，轮廓鲜明的古城遗址仍依稀可见。坚固高大的城垣、精巧别致的佛塔、金碧辉煌的寺院庙宇和形象逼真的人物浮雕，分布得错落有致，显示出这座城市的昔日盛况。

塔克西拉曾经融汇本地和外来的希腊、伊朗文化于一体，是当时佛教和犍陀罗艺术的中心。考古学家推断曾经有 39 位希腊君主和两位希腊女王统治过这里，推断的根据是出土的文物中有很多印有希腊国王头像的古钱币。具有古印度风格的金银饰品，反映了孔雀王朝和贵霜王朝鼎盛时期的繁荣。最引人注目的是千百尊大大小小的犍

陀罗王朝时期的石雕和泥塑佛像，明显地带有希腊式雕塑的痕迹，却又自成体系，形成了独特的犍陀罗艺术风格。

在离城堡不远处，有一个单独的院落，据说唐玄奘西行取经时曾在这里居住过。城堡另一头的山坡下完整地保留着一个石砌的台子，据说这个台子就是当年玄奘讲经的地方，后来被人们称为讲经台，可同时容纳上千名听众一同听讲经。坐落在锡尔开普和锡尔苏克之间的姜迪亚尔寺院的遗址与希腊神庙有很多相似之处，由长方形厚壁所环绕的内部有圣室和前室。乌里安寺院坐落在锡尔苏克东南的一个高九十余米的山坡上，在寺院内的主佛塔的四周，围绕着21座小佛塔，在它们"身上"均有印模雕刻。摩赫拉莫拉都寺院遗址的佛塔和寺堂遥相呼应，保存有塔克西拉最精美的灰泥雕刻佛像。

欧 洲

OUZHOU

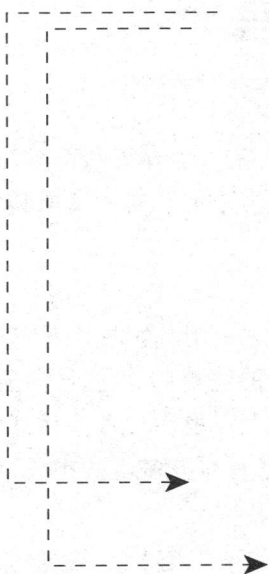

克里姆林宫

克里姆林宫这一世界闻名的建筑群，享有"世界第八奇景"的美誉，是旅游者必到之地。克里姆林宫位于俄罗斯的莫斯科市中心，是俄罗斯的标志之一。

克里姆林宫是一组庞大建筑群的总称。在克里姆林宫周围是红场和教堂广场等一组规模宏大、设计精美巧妙的建筑群。此外，还有建于18世纪的枢密院大厦和建于19世纪的大克里姆林宫及兵器陈列馆等。这里的每一座建筑都是世界建筑史上不可多得的杰作，是俄罗斯人民智慧的结晶。

大克里姆林宫是克里姆林宫中的主要建筑之一。它位于克里姆林宫宫墙内，朝向莫斯科河，宫殿仿照古典的俄罗斯式风格，厅室建筑样式繁多，配合协调，装潢华丽。宫殿的中央位置是饰有各种花纹图案的阁楼。宫殿的第一层除了有些厅室用于处理政务外，大部分都是沙皇的私人宫室；第二层有格奥尔基耶夫大厅、弗拉基米尔大厅和叶卡捷琳娜大厅等等，那里曾是沙皇接见使臣的地方。

红场位于克里姆林宫东墙的一侧，是莫斯科所有广场中最古老的一座。它的样子和当年建造时一样，石块铺成的路面青光发亮，经过多次改建，扩建之后，更显得整洁而古朴。15 世纪 90 年代，莫斯科曾发生一场大火，人们把空旷的废墟作为广场，"火烧场"因此而得名，而"红场"这个名字则起源于 17 世纪中叶。俄语中"红色的"一词还有"美丽的"之意，由于翻译时都只取了其中的第一释义，即"红色的"，久而久之，"红场"的名称就这样沿用至今。

克里姆林宫的教堂建筑也很有特色。十二使徒教堂、圣母升天教堂、天使报喜教堂及圣弥额尔教堂矗立在教堂广场四周。但最美的教堂当数位于红场上的有"用石头描绘的童话"之称的圣瓦西里大教堂。它建于伊凡四世时期，由九座参差不齐的高塔围绕而成，中间最高的方形塔高达 17 米。虽然这九座塔彼此的色彩和式样都独具特色，却十分和谐。更值得一提的是，它与克里姆林宫的大小宫殿、教堂搭配出一种特别的情调，为整个克里姆林宫增色不少。据说此教堂完工时，伊凡四世惊讶不已，同时他竟下令让手下凶残地挖掉设计者的眼睛以防止他设计出更好、更完美的教堂。

号称世界第一大钟的钟王建于 1735 年，钟高 5.87 米，直径 5.9米，重约二百吨。钟壁上铸有沙皇阿列克谢与皇后安娜的像，还有

五幅神像等。它铸成后敲第一下时就出现了裂痕，因此《美国百科全书》称它为"世界上从未敲响的钟"。

克里姆林宫同时也是一座大型博物馆和艺术的殿堂。宫内的珍宝馆收藏了许多价值连城的文物，有历代沙皇用过的物品、美术工艺品，以及掠夺而来的战利品等。信步于宫中可以目睹沙皇奢侈的生活。

1960 年—1961 年建起的克里姆林宫大礼堂是莫斯科乃至俄罗斯最壮观的大礼堂，它位于呈现三角形的克里姆林宫建筑群的中心位置，总建筑面积 60 万平方米。这座用白色乌拉尔大理石和玻璃建成的大礼堂，融入了现代建筑的特点和俄罗斯传统建筑风格，使其独具特色。

伊凡大帝钟楼高 81 米，它是克里姆林宫中最高的建筑物。它建于 16 世纪初期，原为三层，1600 年增建至五层并冠以金顶。从第三层往上逐渐变小，外貌呈八面棱体层叠状。每一棱面的拱形窗口都安放着自鸣钟。1532 年—1543 年，在其北侧又建四层立方体钟塔楼。1624 年夏，由白石构成的菲拉特列特钟塔楼建成。现在，菲拉特列特钟楼下层被用做克里姆林宫博物馆，里面展出金、银器和其他一些物品。沿伊凡大帝钟塔楼的台阶往上，到达塔楼顶，放眼望去，莫斯科一切美景尽收眼底。

雅典卫城

美丽的古城雅典据说是受雅典娜女神佑护的城市，因此这座城中的人们就修建了一座神庙，来祭祀守护神雅典娜。从此以后，壮观雄伟的雅典卫城坐落在海拔 156 米的石灰岩上，俯视着整个雅典城……

提到古希腊文明，人们映入脑海的第一印象往往就是那些柱廊结构的古希腊神庙群——雅典卫城。雅典卫城位于雅典古城市中心海拔 152 米的阿克罗波利斯山顶上。雅典卫城的建立是为了纪念希腊赢得希波战争的胜利。据说，这一工程持续长达 40 年。

在希腊古代遗址中，建造于雅典黄金时期的雅典卫城是闻名世界的古建筑。作为古希腊建筑的代表作，雅典卫城是古希腊建筑群、庙宇、柱式和雕刻最高水平的完美体现，在建筑学史上具有重要地位。迄今保存下来的大量珍贵遗迹，集中展示了古希腊的文明。

位于现在雅典古城西南的雅典卫城经历了几十个世纪的风风雨雨，到今天曾经辉煌雄伟的卫城已成为只剩廊柱的遗址。如今，雅典卫城现存的主要建筑有卫城山门、雅典娜女神庙、帕提侬神庙，也被称为雅典娜神庙，还有伊瑞克提翁神庙（也译为伊瑞克先神庙），以及胜利神庙等，现在旁边又有了一座现代建筑卫

城博物馆。

位于雅典卫城西端陡坡上的山门，也被称为普罗彼拉伊阿，建于公元前437年—前432年。卫城山门是卫城的入口，山门正面高18米，侧面高13米。山门的主体建筑为多利克柱式，大门非常突出。山门上还有两翼，北翼是展览室，南翼是敞廊。山门设置巧妙，雅典卫城的中心——雅典娜女神铜像在山门口就能看到。

进了山门，向右前方走就到了雅典娜女神庙，神庙分前庙、正庙和后庙三部分。神庙全部是由雅典附近出产的蓬泰利克大理石建成。神庙长近6米、宽近4米，庙内有一个爱奥尼亚式的门厅，还有一个约呈方形的内庙。在建筑物的外部有一条饰以高凸浮雕的中楣饰带围绕着。雅典娜女神庙东面有一个执盾的雅典娜神像浮雕，神圣而庄严。

帕提侬神庙是雅典卫城的主体建筑，坐落在山上的最高处，在雅典的任何地方都能望见它。相传帕提侬神庙是诸神从奥林匹斯山来到人间的聚会地。帕提侬神庙中最为著名的是雅典守护神雅典娜神像，据说它被供奉在神庙正厅内，神像高12米，是由许多的黄金和象牙制成，眼睛的瞳孔镶嵌着宝石，整座神像华贵而典雅，当时许多人都来到神庙瞻仰朝拜它。后来，传说神像被罗马皇帝带往君士坦丁堡，从此下落不明。

帕提侬神庙有"希腊国宝"之誉，是古希腊建筑艺术的纪念碑，代表了古希腊建筑艺术的最高成就，被称为"神庙中的神庙"。

传说建在高低不平的高地上的伊瑞克提翁神庙，是雅典娜女神和海神波塞冬为争做雅典城保护神而斗智的地方。它大约建于公元前421年—前405年，建筑设计非常精巧，堪称雅典卫城建筑中爱奥尼克柱式的典型代表。神庙东区是传统的6柱门面，南端的石顶是由6根大理石雕刻而成的少女像柱支撑，少女们长裙束胸，亭亭玉

众神的圣域

雅典卫城，是世界新七大奇迹之一，距今已有3000年的历史，是祭祀雅典守护神雅典娜的神圣地。

立，虽头顶千斤，却依然轻盈飘忽，这些少女像柱是建筑师非凡智慧的体现。因为石顶的分量很重，而6位少女像柱若要顶起沉重的石顶，颈部必须非常粗壮，但这样会影响少女像的美观。于是建筑师给每位少女颈后加一缕浓厚的秀发，再在头顶加上花篮，这就成功解决了建筑美学上的难题，因此这些少女像柱闻名世界。现在真品收藏于博物馆中，遗址上的是复制品。庙中的雅典娜雕像直立戎装，成为后来所有雅典娜雕像所依据的形象。

胜利神庙建于公元前449年—前421年，台基面积约有四十多平方米。神庙的柱子是爱奥尼克柱式，但柱子比较粗壮，是爱奥尼克柱式中少有的，大概是因为它所敬奉的神灵，也或者是为了和多利克式的山门相调和。在檐壁和女儿墙外侧的基墙上有许多浮雕，浮雕题材都是反波斯侵略的战争场面。而胜利神庙就是希波战争后的建筑物，它的命意、构图以及装饰都是要表现庆祝卫国战争胜利的主题，并把这种纪念永远留存。

宙斯神像

大约在公元前 5 世纪，在希腊的奥林匹亚城，巨大的宙斯神像被雕刻完工，这座雕像最初安置在宙斯神殿中，后来还曾被移到君士坦丁堡，但神像最终的下落，今人已无从知晓了……

宙斯神像是古代世界七大奇迹之一。一位记述古代世界建筑奇迹的旅行者曾这样描述宙斯神像："人们以六大奇迹为荣，但人们敬畏宙斯神像。"宙斯神像就位于奥林匹克运动会的发源地——宙斯神殿。

宙斯神殿本身也采用了多利克式柱式建筑。神殿地表铺上灰泥的石灰岩，殿顶则用大理石雕建而成，神殿由 34 条高约十七米的科林斯式石柱支撑着。殿前殿后的石像都是用派洛斯岛的大理石雕成。殿内西边人字形檐饰上的很多雕像都是典型的雅典风格。据说，菲狄亚斯建造雕像时，曾亲自到奥林匹斯山问宙斯大神，而大神以降下霹雳闪电，打裂神殿铺道作回答。至于主神宙斯的雕像，采用了在木质支架外加象牙雕成的肌肉和金制衣饰的"克里斯里凡亭"技术。木底包金的宝座嵌着乌木、宝石和玻璃，整个过程从开始到完成历时 8 年。

今天的人们虽然能从古书记载中明确神像的建造年代、构成材料以及雕像装饰等等，但是却很难确

定菲狄亚斯的作品风格。根据古代文献记载，菲狄亚斯雕塑神像的技艺已经炉火纯青，能使神像具有高不可攀的神圣威严。特别是宙斯神像，既具有普通的宗教形象，也要具备独特的性格。由于菲狄亚斯原作已全部遗失，人们已无法完整想象出这些作品的真貌。多年来，专家学者曾对菲狄亚斯神像的复制品进行过长期研究，希望能找出其中共同的特点。他们特别注意雅典帕提侬神庙的装饰雕像，据说菲狄亚斯曾经负责监制这些雕像。当然，现在很难断定，菲狄亚斯曾亲手雕过哪一件雕像，因为他既要担任监制工作，又要负责雕塑神殿内的阿西娜巨像，必定是终日忙碌。不过，很可能所有雕像的设计和全部风格都由菲狄亚斯一人决定。神殿东边横带上的祖像，被认为是最接近菲狄亚斯风格的作品，只是规模较小。这些神像，在早期的严肃风格与后期轻松及精巧的风格之间，取得了艺术上的奇妙平衡。

宙斯神殿建成后，希腊的宗教中心就移到了宙斯神殿。城邦和平民络绎不绝地往这里送来许多种类的祭品，几百年来，露天神坛是提供给群众供奉宙斯的地方。神坛据说是用献给宙斯的各种祭品的灰烬造的。

为了让被历史掩埋的世界奇迹早日重见天日，考古学家进行了艰苦的勘探与挖掘工作。让近代人士对奥林匹亚有更多了解的，则是德国的考察队。他们从1875年开始，几乎一直没有间断地发掘，虽然找出了宙斯神殿以及装饰用的雕像，并且局部恢复了宙斯神殿原来的形状，但始终没有发现宙斯神像本身的踪迹。然而在 1954 年—1958 年，考古

学家在距离宙斯神殿不远的地方，挖出形状大小与神殿的主室相同的菲狄亚斯工作室的遗址，这一发现是值得庆祝的。菲狄亚斯可以在这种类似神殿的环境中雕塑宙斯像而不致妨碍神殿的工作。

宙斯神像在神殿中屹立了近千年，一直接受着四方的朝拜，但它后来却神秘地消失了。至于它为什么会消失，到底是怎么消失的，却无人能说清楚，而这方面的文献资料也很少。有人说是毁于地震，有人说毁于大火，也有人认为是毁于战火，众说纷纭，莫衷一是。根据目前的史料记载，基督教的到来，结束了八百多年以来人们对神像的崇拜。公元393年，在罗马皇帝的敕令下，古代奥林匹克竞技大会也暂时画上了休止符。接着，公元426年，罗马帝国又颁发了异教神庙破坏令，于是宙斯神像开始遭到破坏，菲狄亚斯的工作室亦被改为教堂，古希腊神庙从此灰飞烟灭；神庙内倾颓的石柱更在公元522年和公元551年的地震中被震垮，石材被拆，改建成抵御蛮族侵略的堡垒，随后奥林匹亚地区经常洪水泛滥，整座城市埋没在很厚的淤泥下。幸运的是，神像在这之前已被运往君士坦丁堡（现称伊斯坦布尔），收藏于宫殿内达60年之久，据说最后亦毁于城市暴动中，但真相为何，已难知晓了。

曼代奥拉修道院

曼代奥拉位于希腊的特里卡拉色州，在希腊语中曼代奥拉是"悬在空中的意思"。几百万年前，这里是一片汪洋，后来地壳运动和海水的冲击使之变成一片石林。曼代奥拉修道院就矗立在高耸的岩石山顶上，这也正是曼代奥拉众多修道院的与众不同之处。

曼代奥拉修道院位于希腊的帕萨里亚地区，品都斯山脉的边缘，它矗立在高高的山峰上。

从 11 世纪开始，修士们便在这几乎都是砂岩峰的地区选定了这些"天空之柱"。15 世纪的隐士思想大复兴时代，修士们克服了令人难以置信的困难，修建了 24 座隐修院。

在这些高耸的岩石山顶上面有著名的曼代奥拉修道院，隐遁的修士大约在一千年前便出现在这里。他们靠木梯和绳索攀上了高耸入云的峰顶，居住在天然岩洞内，祈祷、赞颂和忏悔。

11 世纪中叶，随着来这里隐遁的修士人数增加，曼代奥拉成为了希腊东正教的另一个重要的宗教中心，并且很快形成了以第一座教堂科里亚空教堂为中心的修道院。14 世纪中期，著名的阿塔那西奥修士来到这里，在一座高高的岩顶上兴建了新的修道院，这就是现在的曼代奥拉修道院。

阿特拉斯的圣山教堂

建筑基本上都是拜占庭风格，很多都采用了大致相同的布局，但其中最雄伟壮观、在建筑角度上最有欣赏价值的要数海拔613米的大曼代奥拉修道院，修道院内的教堂更是建筑中精华中的精华。大教堂所有的窗户只拥有单扇玻璃。教堂的十字架形状分布形成3个后殿，即传统教堂的后殿和南北两端增建的供赞美诗歌唱者使用的殿堂，这些主要体现了教堂的独特创造性。

曼代奥拉修道院位于最高的巨石顶上，修道院用石头建造，红瓦房顶，木质走廊伸出到令人眩晕的深渊之上。教堂内部用壁画装饰，这里明亮、通风，有利于展示保存得很好的壁画。另有一座人迹罕至的埃其乌斯尼古拉斯修道院，内有很多精美的16世纪时期的壁画，都是一位从克里特来的名叫西奥非尼斯的画家所画。曼代奥拉，这座当地最重要的修道院后来被人们称作"伟大的曼代奥拉"。

伦敦塔

伦敦塔属于诺曼底式城堡建筑，有着罗马文化的烙印，并以其独有的方式展现了英国社会的各个层面。在英国历史上，伦敦塔有着举足轻重的地位，如今已是驰名世界的文明景观。

闻名世界的伦敦塔位于泰晤士河的北岸、伦敦城东南部的塔山上，是一座诺曼底式的城堡建筑。在英国历史上，伦敦塔曾发挥着重要的军事作用，是防守严密的城堡要塞、皇家重地，而现在则是一座著名的博物馆。

伦敦塔修建于 11 世纪，属于诺曼底风格，而这一风格是罗马风格的重要表现方面，这些建筑则充分体现了游牧社会崇尚力量和游牧人民直率的性格、气质。

1066 年，诺曼底公爵威廉征服英格兰，开始了诺曼底王朝的统治。威廉原本不主张兴建城堡，只致力于修道院的兴建，然而，他决定用坚固的堡垒和强大的军队给他的新臣民留下深刻的印象。于是，在那个时期，就出现了这样的情景：人们一面修建使精神得到安歇的修道院，一面又在修建保卫

伦敦塔建筑群

在伦敦泰晤士河北岸、伦敦塔桥附近，历代王朝又修建了一些建筑物，使伦敦塔既有坚固的兵营要塞，又有富丽堂皇的宫殿，还有天文台、教堂、监狱等建筑。整个建筑群反映了英国不同朝代的建筑风格。

肉体安全的城堡。这座城堡中最重要的建筑是白塔，由于白塔在城堡占有最中心和最重要的位置，人们便把这组古堡建筑笼统地称作"伦敦塔"。伦敦塔就是为了保卫和控制伦敦城而建造的。

完全由乳白色石块砌成的白塔，属于诺曼底式，这座方形的、坚实的大石头建筑无处不表现了粗犷、朴实的意味。它共分四层，高 28 米，每个角上都有一座角塔。

白塔的双层墙壁厚重而无装饰，与墙上的小窗相配合很好地发挥了军事防御作用。而塔内设计简朴，充分地体现了中世纪社会生活的黑暗及物质的匮乏。白塔的主层由大会议厅、接待室和保存完好的圣约翰小教堂三个部分组成。其中圣约翰小教堂是英国现存最古老的教堂，可供举行宗教仪式之用，当然，一些秘密会议也在这里召开。中殿连拱廊的圆柱短且粗，诺曼底式柱头上只有简单的扇形雕饰。主层有女王和其他贵妇人专用的厢座走廊。上面有像缝隙一样狭窄的天窗，从那里透出的微弱光亮洒在这些美丽的人物身上、脸上。在伦敦塔建成后的 5 个世纪里，它一直是英国王室的行宫，并且加冕前的国王必须住在那里，由此可见伦敦塔对英国王宫的重大意义。

以白塔为中心，整个城堡由两道围墙围合，外墙的外沿有一道沟堑，那是一道防护的屏障，沿墙修建的十几座碉堡塔是要塞的第二道屏障。其中比较著名的有血塔、滑铁卢塔、圣托马斯塔等建筑物。这些碉堡在平时作为住房，战时用来防卫。

伦敦塔还曾是一座监狱，曾经关押过英国历史上很多王室贵族、政界名人等。

要塞西南角的外

城墙下有一道水门，那是要塞的唯一出入口。犯人经过泰晤士河，要通过这道水门，进入囚禁之地伦敦塔，所以，这道水门被称为"叛逆者之门"。

现在，伦敦塔已不再是过去几百年间的那座令人毛骨悚然的"死狱"，里面也已不再有那些终日不见阳光的囚犯，有的只是从 13 世纪开始就住在这里的渡鸦。它们在这里受到了很好的照顾，因为一个古老的传说而使人们想尽办法不让渡鸦飞离这里。传说如果渡鸦离开伦敦塔，塔就会倒掉，王朝就会垮台，如此一来，这些渡鸦祖祖辈辈就成为伦敦塔颇受娇宠的常住客了。现在，它们被称为伦敦塔"最后的囚徒"。

现在的伦敦塔已经成为英国最著名的博物馆之一，英国历史上各个时代的兵器、甲胄都陈列其中。在王家珍宝馆收藏着历代国王的王冠、权杖，这些稀世珍宝象征着王权的至高无上。世界上罕有的特大钻石"非洲之星"以及被称作"黑王子"的红宝石都是博物馆中的珍品。这一切都为伦敦塔的美景平添了一抹亮色。

巨石阵

位于英国索尔兹伯里平原的史前巨石阵，以神圣而庄严的姿态展现在世人面前。很多人相信，这座远古时代的非凡建筑是祖先故意留给现代人的一个巨大谜题。

位于英格兰威尔特郡索尔兹伯里平原的巨石阵，又被称为索尔兹伯里石环、环状列石、太阳神庙、史前石桌等等。它大约造建于新石器时代末期至青铜时代的公元前 4000 年—前 2000 年，是欧洲著名的史前文化神庙遗址。

这个巨大的石建筑群由许多重约五百吨的蓝砂岩组成，位于空旷的原野之上，占地面积约十一万平方米。巨石阵不仅在建筑学史上具有重要地位，在天文学上也同样具有重大的意义：它的主轴线、通往石柱的古道和夏至日早晨初升的太阳，在同一条线上；另外，其中还有两块石头的连线指向冬至日落的方向。人们据此猜测，这很可能是远古人类为观测天象建造的天文台。

神奇的巨石阵

巨石阵最不可思议的是石阵中心的巨石，这些巨石最高的有 8 米，平均重量近 30 吨，然而人们惊奇地发现，有不少重达 7 吨的巨石是横架在两根竖着的石柱上的。

科学家们推测，巨石阵还有可能是远古时代用来祭祀的场所。人们依旧对神秘的巨石阵作着各种各样的推测和解释。2003 年，考古学家在巨石阵不远处发现了一座古墓，墓中出土的陪葬品有一百多件，包括金、银、铜等装饰品，陪葬品的数量是同年代墓葬陪葬品的 10 倍之多。据专家考证，墓中的主人是阿彻，其地位非常显赫。阿彻大约生活在公元前 2300 年，而这个阶段恰好是巨石阵形成的时期，考古学家推断，巨石阵是由生活在不同时代的维赛克斯人和阿彻共同建造完成的，由此可知建造巨石阵历经了漫长的岁月。

20 世纪 50 年代，考古人员研究发现，史前巨石阵的建造共分为 3 个阶段。第一个阶段为公元前 2800 年前后的新石器时代晚期。不过当时并没有巨石，只是建造了一个能容纳数百人的圆形土堤，在土堤内挖出了 56 个圆形坑。

第二阶段为公元前 2000 年的铜器时代初期，人们对巨石阵的人口进行了改造，铺设了壕沟和两道 500 米长的人行道。被称作"斯泰申石碑"的四座石柱，竖立在了巨石阵内侧。然而在这个阶段，可能由于计划改变，这项工程突然停止，石柱被搬走，坑也被填平了。

巨石阵的建造迎来了第三阶段。这一阶段，人们用运来的一千多块巨大的沙粒岩建成了有三十多个石柱的外围。并将外围里侧布置成马蹄形。在第三阶段中期，在这 5 座石碑

坊的里侧布置了许多蓝砂岩石柱，而且这些石柱残存到了今天。

　　研究人员认为，运输巨石并没有想象中困难，运输的工具很可能是撬杠、滚木和绳子。古时候巨石阵周围的山谷里有茂密的树林，人们利用坚硬的树木充当滚木和撬杠，而一种叫做断树的树皮可以制成绳子，考古学家先将树皮放在湿泥里浸泡 6 个星期，当树皮变成了富有韧件的纤维后，把它们绞在一起，就制成了简单结实的绳索。

　　专家们认为，在没有起重设备的条件下，古人将横梁放到石柱顶部采用的是"土屯法"。土屯法就是利用斜面原理，用土将两个柱子埋起来，形成一座山丘，其高度为这块巨石所要到的位置，将山的外侧做成一个斜坡，然后从斜坡上把石头拉上去，下面用撬杠，很可能要铺原木，就位之后再把土挖掉。

　　自巨石阵建成之后，在漫长的岁月里它就像充满魔力一般，无时无刻不吸引着世人的目光。

　　而今，这座远古时代的非凡建筑，依旧屹立在索尔兹伯里平原上，向人们默默地诉说着史前文明的精彩传奇。

巴黎圣母院

巴黎圣母院具有典型的哥特式建筑风格，教堂祭坛、门窗、回廊等处的绘画和雕刻等艺术作品，以及里面所珍藏的 13 世纪—17 世纪的大量的艺术珍宝使其闻名世界。

举世闻名的巴黎圣母院是一座典型的哥特式教堂建筑，位于巴黎塞纳河的斯德岛上。它最早是由教皇亚历山大三世和法国国王路易七世修建于 1163 年，历经 182 年，到 1345 年最后完工。现在它已成为欧洲建筑史上一个划时代的标志。

圣母院正门前有一个用于巴黎市民集会的广场。正面顶部是左右对称的两座高约六十米的四角形方塔，侧墙由双层弓形支柱撑住，教堂呈拉丁十字形平面，十字交叉点耸立着一个高一百多米的尖塔，内部大厅东西长 125 米、宽 47 米，尖拱直棱，高墙上方是一排排对称的彩绘玻璃。在三个内凹的拱形门洞上方，就是所谓的"国王廊"，上面有分别代表以色列和犹太历代国王的 28 尊雕塑。"国王廊"上面是中央部分，两侧是两个非常大的石质中棂窗子，中间则是一个玫瑰花形的大圆窗，其直径大约有十米。中央供奉着圣母和圣婴，两边还有天使的塑像。

巴黎圣母院中最动人的要数它那拥有 3 朵巨大玫瑰浮雕的圆形花窗，这 3 个玫瑰花窗分别装饰着正面和左右两侧，使圣母院平添了几分美丽。

　　整座教堂的墙壁、屋顶、门、窗都是用石头雕砌而成的。华丽精美的雕饰、五光十色的玻璃彩绘，使巴黎圣母院更加富丽堂皇。

　　虽然巴黎圣母院的外观很华美，但教堂的内部却非常朴素，几乎没有任何的装饰。厅内还有非常著名的大管风琴，琴上大约有六千根音管，音色极为浑厚、响亮，非常适合演奏圣歌，也适合演奏一些悲壮风格的乐曲。

　　巴黎圣母院是一幢宗教建筑，它闪烁着法国人民的智慧，在世界建筑史上更被誉为"由巨大石头组成的交响乐"。它体现出人们对美好生活的向往与追求。

卡纳克石柱群

庞大而壮观的卡纳克石柱群，矗立在法国的布列塔尼半岛。人们对这些神秘的石柱充满了好奇，相信只有走近它、了解它，才能感受到石柱群那份独特的美。

濒临大西洋的城镇卡纳克，是法国布列塔尼半岛的一个神秘地方。被英国考古学家海丁翰教授称为"比金字塔更神秘"的卡纳克石阵就位于它的郊外。在这个长达8千米的范围内到处巨石林立，且石阵排列整齐，其壮观景象令人叹为观止。

卡纳克石阵穿行于庄稼、树林和农舍之中，竖立的石头井然有序，似乎是精心营造的。一两个人或是一群人在一两天之内是绝对不可能竖立起这样的石阵的。

石阵排列

卡纳克石阵穿行于庄稼、树林和农舍之中，石头的竖立井然有序，似乎是精心营造的。

据说曾有10000根石柱的卡纳克石阵，如今仅剩下了2471根。

石阵被农田分为三部分：位于卡纳克城北 1.5 千米处的勒芒奈克石阵，以 11 排向东延伸，共 1099 块石头，排列在长 1 千米、宽 100 米的矩形内，最高的巨石露出地面部分达 4.2 米。石柱行列稍有弯曲，柱与柱之间距离不一。石柱从东向西高度逐渐降低，在起点处高约四米，而最高处约七米。再向北走，过了一座古老的石磨坊，便进入克马里欧石阵，共 10 行，长约 12 千米。克勒斯坎石阵与其相毗邻，长约四百米，共 13 行，每行都很短，共 540 块巨石，排成正方形。其末端是一个由 39 块巨石组成的圆形石阵。各组石阵都沿东西方向分行排列，越近南北，边缘行距越密，每一行巨石的大小和排列距离也并不均匀，每行越靠近东端，石块越高且排得越紧。大多数石块以直线排列，少数则以平行曲线排列。

据考证，石阵大约是于公元前 4300 年—前 1500 年分期竖立起来的。这个时期欧洲人还没有发明轮子，但是重约三百五十吨、高达 20 米的石块，竖立者是如何将其立于指定位置的呢？难道是借助一种神秘的力量？他们竖立这样的石阵究竟有什么用途呢？

有人把卡纳克看做是一个宗教中心。那些石块最初是古布列塔尼人崇拜的偶像，罗马人征服古布列塔尼人之后，将自己所信奉的神的名字刻在了上面，后来基督教标志，如十字架等都被刻在了上面。所以石阵就形成了今天的样子。

如果身临其境，仔细端详，那一排巨石列队蜿蜒前行，仿佛巨蛇飞舞一般，所以有人把石阵看做是蛇崇拜的产物。但 19 世纪，考古学家发现卡纳克周围的许多蛇崇拜遗迹与石阵并没有直接联系。

由于"卡纳克"在布列塔尼语中为"坟场"之意，所以有人将这些高高竖起的石块看做是埋藏死人时竖立的墓碑。然而，这仅仅是猜测而已。

还有人认为这些石块是妇女的吉祥石。只要求子心切的妇女蹲在石头上或是在石头上过夜，石头的魔力就可使她怀上孩子，孩子呱呱

落地，如同在人间竖起了一根根人柱。

由于在史前时代没有什么高超技术，能够竖起这样庞大的巨石阵的确是一个令人不可思议的奇迹，所以有些学者把卡纳克石阵看做是外星人造访地球的飞船基地。

有人把石阵看做是一个复杂的月亮观测台。20 世纪 70 年代中期，英国人亚历山大·汤姆对每一根石柱进行测量，认为古代天文学家在每天观测月亮时，随着其出没时位置的不断变化而改变自己的观测位置，每一次都在新的地方竖起一根石柱作为标记，用这种方法，使他们得以掌握月亮运行周期以及其他一些方面的天文知识。英、法考古学家在 20 世纪 80 年代初在对其进行联合考察时，发现月亮出没规律与巨石排列次序并没有相似之处，故二者之间一定毫无关联。因此，他们断定人们在生产力水平低下的石器时代是不可能掌握高超技术的。

然而要真正揭开石柱阵的秘密，必须先弄清石阵建造者的本源，了解他们生活的那个年代的情景，才能很好地展开进一步的探究。

埃菲尔铁塔

19 世纪，巴黎最重要的建筑物当数埃菲尔铁塔。有人曾说，如果将巴黎圣母院称为是古代巴黎的象征，那么，埃菲尔铁塔就是现代巴黎的标志。

为庆祝法国大革命胜利 100 周年，1886 年，法国政府举行设计大赛，认建造一座世界上最高的大铁塔来代表法国荣誉。居斯塔夫·埃菲尔的设计胜出，成为最终的建造方案。法国建筑师埃菲尔一生中杰作很多，但最令他出名的还是这座以他名字命名的铁塔。

埃菲尔铁塔的金属制件有一万八千多个，重达 9000 吨，施工时共钻孔 700 万个，使用铆钉 250 万个。由于铁塔上的每个部件事先都严格编号，所以装配时没有出一点差错。设计的合理、计算的精

确保证了施工完全按计划进行，中途没有任何改动。

铁塔采用交错式结构，由四条与地面呈75°角的、粗大的、带有混凝土水泥台基的铁柱支撑着高耸入云的塔身，内设四部水力升降机（现为电梯）。法国人在设计、分解、生产零件、组装到修整过程中，总结出一套科学、经济而有效的方法，同时也显示出法国人异想天开式的浪漫情趣、艺术品位、创新魄力和幽默感。

建成后的埃菲尔铁塔高300米，在1930年之前它始终是全世界最高的建筑物。如今，铁塔上增设了广播和电视天线，它的总高已达320米。埃菲尔铁塔吸引着来自世界各地的游客。

埃菲尔铁塔耸立在巴黎市区塞纳河畔的战神广场上，占地约有一万平方米。除了四个脚是用钢筋水泥浇筑之外，塔身都用钢铁构成。铁塔共分三层，第一层高有57米，第二层距地面115米，第三层距地面276米。除了第三层平台没有缝隙外，其他部分全是透空的。从塔座到塔顶共有1711级阶梯。

浪漫的巴黎人给铁塔取了一个美丽的名字——云中牧女。以其设计者法国著名建筑工程师埃菲尔的名字命名，并在塔下为埃菲尔塑了一座半身铜像。

近年来巴黎市政府对铁塔进行了大规模维修。从1985年圣诞节开始，铁塔照明改用碘钨灯以节省电能，这一改变使夜晚的塔身呈现金黄色，看起来更加美观。

一般而言，建筑都是在学习前作的基础上提升的，例如想要盖一座10层的高楼最好先研究一下8层、9层的建筑。而对于埃菲尔而言就没这么幸运，之前没有任何的建筑能够接近铁塔的高度。为了完成铁塔的建造，埃菲尔运用了许多具有创造性的技术。

铁塔的四个支脚，即塔墩，是工程开始阶段的施工地点。这些塔墩直到大约55米处才会会合，而当这些桥墩会合之后必须要达到完美的水平，这个完美的水平面将会作为余下二百四十多米的建造基础。塔墩假如建造得不够精确，就会令整个铁塔不能保持平衡。

埃菲尔知道自己没办法保证塔墩在建造完毕之后能够托起完美的水平面，所以他在每个塔墩的底部都安装了一台临时水压泵。这样随着工程的推进，他可以通过升高或降低塔墩来进行微调。当整体调成水平以后、就要将塔墩永远地固定下来，这时工人们要在塔墩里面嵌入铁楔子来达到此目的。

事实证明，埃菲尔的设计非常成功。直到今天，这个铁塔还保持着完美的水平。

当初壮观的铁塔建成后，许多批评家都改变了态度。例如起初对这个工程持反对意见的法国首相，在工程结束后他将荣誉军团勋章颁发给了埃菲尔。之后，如潮的好评都涌向这座独具特色的铁塔，人们为它取了许多浪漫的名字，而最形象最优美的名字就是"铁娘子"，可见巴黎人民对它的喜爱之情。

如今"铁娘子"傲然屹立，丰姿绰约，迎风沐雨站立了一百多年。它已不仅是巴黎的标志，也不仅是法国的象征，它是整个人类文明的奇迹。

凡尔赛宫

凡尔赛宫富丽堂皇的宫殿依稀再现了路易十四时期的辉煌。凡尔赛宫造型典雅、轮廓整齐、雄伟庄重，装潢以巴洛克风格和洛可可风格为主。

被称为是理性美代表的凡尔赛宫位于法国巴黎西南郊伊夫林省省会的凡尔赛镇，宫殿具有典型的古典主义风格，它的立面为标准的古典主义三段式。它的建筑左右对称，造型轮廓整齐、雄伟庄重。整座宫殿的内部装潢是以巴洛克风格为主，也有少数的厅堂为洛可可风格。

如果凡尔赛宫的外观给人以宏伟壮观的感觉，那么它的内部陈设及装潢就更富于艺术魅力，室内装饰极其豪华富丽。五百余间大殿、小厅金碧辉煌，奢侈非凡：内壁装饰以雕刻、巨幅油画及挂毯为主，配有17世纪至18世纪造型巧妙、工艺精湛的家具。大理石院和镜厅是其中最为突出的两处。除了用人像装饰室内以外，设计师还用狮子、鹰等动物形象来装饰室内。宫内到处都摆放着来自世界各地的珍贵艺术品，我国古代的精品瓷器也在其中。

凡尔赛宫一直是法国封建统

治历史时期的一座华丽的纪念碑。作为法兰西宫廷的凡尔赛宫不仅是国家的行政中心，也是当时法国社会政治观点和生活方式的具体体现。几百年来，欧洲皇家园林几乎都遵循了它的设计理念。

位于主楼二层东北角与北翼的连接处，是海格立斯厅。它连接了中路宫殿与王家教堂。路易十四时期它是王家小教堂，后来，这里又被改为国王接见厅。

位于花园的拉冬娜喷泉之南，海格立斯厅之西的丰收厅是进宫觐见国王时的主要入口。历代国王的奖章还有大量的珍宝收藏都存放在这里。

出了丰收厅向西走就到了维纳斯厅，此厅又名金星厅。在路易十四时代，厅内还曾有台球桌和一整套纯银铸造、精工镂刻的家具。不过这些家具后来都被熔化了，用来铸造银币。

其他著名的宫殿还有许多，像玛尔斯厅、墨丘利厅、阿波罗厅、战争厅等。其中最著名的镜厅是一个不可不看的地方。

镜厅也被称为镜廊，它在战争厅的南面，毗临花园。镜厅堪称凡尔赛宫最著名的大厅，初建时并没有此厅，是后来由敞廊改建而成的。镜厅长76米、高13米、宽10.5米，一面是由四百多块镜子组成的巨大的镜面，另一面则是面向花园的17扇巨大落地玻璃窗。厅内地板为雕花细木，墙壁以淡紫色和白色大理石贴面装饰，柱子为绿色大理石。柱头、柱脚和护壁均为黄铜镀金，装饰图案的主题是展开双翼的太阳，表示对路易十四的崇敬。天花板上是24盏巨大的波希米亚水晶吊灯，还有歌颂路易十四功德的油画。通往国王寝宫的四扇大门位于大厅东面中央。路易十四时代，镜廊中的家具以及花木盆景装饰也都是用纯银打造，盛大的化妆舞会经常在这里举行。

凡尔赛宫的花园也是世界闻名的。现在，花园的面积有100万平方米，花园的中心是喷泉，在主楼的南面是温室和橘园，主楼的北部是拉冬娜喷泉。花园中喷泉众多，大约有一千四百多个。除了喷泉，还开凿了一条长1.6千米的十字形人工大运河，花园里还有森林、花圃、村庄等。在花园里也修建了许多的神庙、独具特色的柱廊，每隔一段距离还有一些大理石雕像。美丽浪漫的凡尔赛花园使凡尔赛宫更为迷人。

凡尔赛宫的豪华与壮丽，很少有宫殿能比得上，这座宫殿充分显示出"太阳王"显赫的权势。只是岁月如梭，宫殿今犹在，而昔人已逝，只给后人留下了无限的感慨。

庞贝古城遗址

庞贝古城那神奇的太阳神庙，巨大的斗兽场，恢弘的大剧院吸引了地中海周边的无数游客，而城北维苏威火山喷发产生的奇异岩浆土、火山石及地热温泉，更使庞贝名扬四海！

庞贝古城是古罗马的一座城市，位于意大利南部那不勒斯的附近，其西北方就是著名的维苏威火山。到了公元前 3 世纪，庞贝城里商贾云集，成为仅次于意大利古罗马的第二大城市。由肥沃岩浆土长出的葡萄使庞贝出产的葡萄酒风味绝佳，成了各地贵族争相购买的上品；那神奇的地热温泉吸引了许多贵族、富商纷纷来到庞贝造花园、建别墅，使庞贝很快成为经济发达的繁华之地。然而，谁能想到就是给庞贝带来数不尽好处的维苏威火山，居然在瞬间就将庞贝古城湮没了。

1748 年，一位农民在自己的葡萄园发现了古城曾经的用品，消息传开，祖辈相传的关于庞贝失踪的传说便在这片土地上流传开来。而后，一批批考古学家和历史学家也被吸引到了这里。后来意大利政府根据专家们建议，于 1876 年开始组织科学家进行有序地发掘庞贝古城计划。经过系统地挖掘后，庞贝古城宛如火凤凰般再度从维苏威火山的灰烬中复活。

被发掘出来的庞贝城中保留了大量壁画，人们将这些壁画

划分成庞贝第一、二、三、四风格。第一风格为镶嵌风格；第二风格为建筑风格；第三风格是埃及风格；第四风格是庞贝的巴洛克风格。表现了对酒神献祭的壁画《密祭》是庞贝城壁画第二风格的代表作，壁画描绘了这样一幅情景：在深红色的背景上，祭祀的场面一步步展开，那些紧张的少女、狂饮的萨陀尔和焦虑的女信徒都处于一种肃穆、神秘和紧张的气氛中。

已经发掘出的庞贝古城只有 1/3，其余部分还埋在地下。但在1.8 平方千米的土地上，用白色、青色巨石铺筑的大街小巷就达几十条。街巷方正整齐，小的宽两米左右，大的约有四五米宽，整体布局就像我国唐代的长安城。人们发现这里的每条人行道都比马路要高出一二十厘米，仔细察看，原来古罗马马车非常发达，中间的路面留下了一道道很深的车辙，被磨低了一二十厘米深。看来当时道路中间疾驰的应是武士和贵族的大马车，而小市民和奴隶只能在道路两旁行走。最令人称奇的是在所有的交叉路口，居然都有像现在的斑马线一样的限制超速的石头，每条路口都设置着一块块凸起约三十厘米高的"隔车石"。当飞奔而来的马车临近交叉路口看到"隔车石"，自然放慢速度。车辆只能从巨石夹缝中缓缓驰过。

人们还能在许多街口和交叉巷口看到刻有浮雕的大石槽。石槽上的浮雕有神面、兽头、鱼嘴，石槽的背后都连接着青铜管子，上面还有能旋扭的水龙头。旋扭水龙头，就会流出汩汩的山泉，这一设施在当时是非常先进的。现在也只有发达国家的一些城市中才有

这样的设施。

　　人们经过研究发现，庞贝古城的壁画与一般的古罗马壁画确实不同，因为里面掺有 10～25 微米的结晶物，这种大小的结晶物显得更加透明，同时使色彩更加柔和深沉，它使得庞贝古城壁画中的红色接近于红赭色。

　　古城的四周是用石头砌成的城墙，建有 7 扇城门和 14 座塔楼，可以想象出当年是何等的壮观雄伟。城内的主干道是两条笔直的大街，将全城分成"井"字形。城中央分为九个区，区中各有交织的街巷。大街上全部铺设石块。城中还有一座广场，在广场东南是庞贝城最高的建筑——大会堂，是法院和市政厅的所在地。城中另一座比较高的建筑是商业大厦。在广场的东北是一座商场，曾经这里店铺林立，琳琅满目的商品看得人眼花缭乱。古城的东南角建有两座露天剧场，笑剧和音乐剧就在这里隆重上演。

　　曾经沉寂千年的城市再次出现在世人的面前，希望每个走上这片古城土地的人，都能在感慨之后思考一下，人类要如何与自然相处，灾难才不会再次发生！

比萨斜塔

大名鼎鼎的比萨斜塔坐落在意大利比萨城东北角的奇迹广场上，它并不是一座塔，而是比萨主教堂建筑群的一部分——钟楼。1987 年联合国教科文组织将其作为人类文化遗产，列入《世界遗产名录》。

始建于 1174 年的比萨斜塔，到 1350 年才全部完工，历时百年之久。除了几根柱子为花岗石外，其余全部材料都是大理石。比萨斜塔总高约五十五米，塔的截面为圆形。塔内有螺旋状楼梯 294 级，可盘旋而上直至塔顶。

比萨斜塔在刚开始建造时是直立的，但是由于地基打得不深，土层强度低，当第三层完工时，塔身便开始倾斜。负责建造的工程师想了很多种方法试图补救，但结果并不理想，最后他们不得不停止施工。101 年后，对斜塔继续进行施工的重任落在了建筑师西蒙的肩上。他于 1275 年开始着手这项工作，此时，他发现塔的第三层上缘已经倾斜九十多厘米。1284 年西蒙又把塔高增加了三层。当然，西蒙和后来的建筑师也要顾及建筑物的

倾斜问题。为了减轻斜塔上部的重量，西蒙不仅减薄了墙壁，而且采用轻质灌注材料，在内外壁之间留有 30 ~ 80 厘米宽的空腔，越到上面，空腔越大。

　　人们今天所看到的斜塔完成于 1350 年。第七层、第八层及钟架是在最后一个建筑师比萨诺的手里建成的。第七层与第八层之间，斜塔来了个转折，即第八层是倾向于北面的（整个塔身向南倾斜）。此外，斜塔没有楼顶，建筑师们以此来减轻重量和平衡倾斜。此时，塔顶中心点已偏离垂直中心线 2.1 米。

　　比萨斜塔自建成以来，每年都以 1 ~ 2 毫米的速度倾斜，至今倾斜度已达 5.5°。优良的建筑品质是斜塔久立不倒的主要原因。每块砖都紧紧黏合在一起，使斜塔保持着良好的完整性。

　　为了挽救斜塔，人们献计献策，提出了各种设想：有的人想用系绳气球提吊斜塔，减轻塔身对地基的压力；有的人想把斜塔"拔"出地面，一砖一砖重新修整。

　　但是，比萨城是在一个河谷的冲积地建立起来的，塔又建在一个不平坦的小坡顶，地基下的黏土层受重压而紧缩，受压不均匀，导致地面建筑物倾斜，地下潜水层一再变动，也会导致黏土层的收缩。因此，只有改善塔基下的地质状况，才能从根本上解决这一问题。

刚开始时，所有举动似乎都是不安全的。不过，1970年实行的举措倒是成功了。在方圆3千米以内禁止取用地下水，地下水位因此稳定，从而使斜塔倾斜速度放慢了。

1990年，人们对停止接待游客的比萨斜塔进行加固维修：斜塔的底檐被18根钢缆箍起来，这样，底座和地基就可以牢牢地固定在一起了。随后在石基座上加了用钢筋及混凝土制成的壳状物，往北侧上翘的地基里灌进近六百吨铅液，以平衡南侧的力量。这一举措效果颇为明显，到1993年底，塔身非但没再倾斜，反而向北侧矫正了4毫米。

其实，人们也不必过分担心斜塔的安危。因为按照现在斜塔每年倾斜1~2毫米的速度，由万有引力定律计算得出，塔的北端大约在2000年以后才能超过原有的垂直中心线，从而塔才会倒掉。相信到那时，人类一定会找到更好的办法，阻止这一情况的发生。

佛罗伦萨大教堂

位 于意大利佛罗伦萨的佛罗伦萨大教堂是意大利的著名教堂，意大利文艺复兴时期建筑的瑰宝。佛罗伦萨大教堂是 13 世纪末教会从贵族手中夺取了政权后，作为共和政体的纪念碑而建造的。

佛罗伦萨大教堂也被人们称为"花城圣母马利亚大教堂"。1296 年由阿诺尔福开始设计兴建，后来乔托、布鲁内莱斯基、吉贝尔蒂和凯洛佐等人亦陆续参与设计和施工。

最终建成的佛罗伦萨大教堂属于佛罗伦萨哥特式建筑风格，它的装饰华丽。在其右侧高 85 米的钟楼都是用托斯卡那白、绿、粉色花岗石贴面而成。楼内有 370 级台阶，登顶后全城景色一览无余。教堂的边上还有一座八角形的洗礼堂。青铜大门上雕有著名的的"天堂之门"，是基贝尔蒂花费 21 年时间创造的杰作。

始建原因

佛罗伦萨大教堂是 13 世纪末行会从贵族手中夺取了政权后，作为共和政体的纪念碑而建造的。

内径 42 米、高三十多米的教堂八角形穹顶是世界上最大的穹顶之一，如果再加上其正中央的希腊式圆柱的尖顶塔亭，高度可达 107 米。45 米宽的圆顶最初是用木材制成的，后来在其设计师的倡导下对其进行了改造。采用由总重达 37000 吨的几百万块石块组成。两条过道和罗马教廷的十字架位于教堂的中心位置。

大教堂内部墙壁上挂有著名的壁画《最后的审判》。同时，人们可以通过环廊到达穹顶内部。在中央穹顶的外边，在各多边形的祭坛上也会看到一些半穹形，与上面的穹顶交相呼应。呈现出华丽风格的外墙，由以黑色、绿色、粉色条纹大理石砌成的各式格板和精美的马赛克雕刻以及石刻花窗构成。整个穹顶总体外观稳重端庄，比例和谐，没有飞拱和小尖塔之类的东西，水平线条明显。除大教堂以外，整个建筑群中的钟楼和洗礼堂也是很精美的建筑。钟楼分4层，每层187.7平方米；建于1290年的洗礼堂高约31.4米，建筑外观端庄均衡，以白色、绿色大理石装饰墙面。

位于佛罗伦萨市杜奥莫广场和相邻的圣·日奥瓦妮广场上的佛罗伦萨大教堂，是由大教堂、钟塔和洗礼堂组成的一组建筑群。在1296年—1462年，佛罗伦萨的繁盛时期建造的大教堂是整个建筑群的主体部分。教堂平面呈拉丁十字形状，本堂宽阔，长达82.3米，由4个长为18.3米的正方形的间跨组成，形状很特殊。教堂的南、北、东三面各有一个半八角形巨室，巨室的外围包括有5个呈放射状布置的小礼拜堂。

作为意大利文艺复兴时期建筑瑰宝的佛罗伦萨大教堂，同时也是一座藏有许多文艺复兴时期艺术珍品的博物馆。收藏的珍品中有意大利雕刻家多纳太罗的作品《先知者》，这是多纳太罗于1423年—1425年在大教堂的钟楼上雕刻的大理石像。主人公的头光秃着，虽其貌不扬却极富智慧，他略微低头，似乎在向人们述说着什么。这里还有意大利雕刻家戴拉·罗比亚于1453年在大教堂内唱诗席上

雕刻的大理石浮雕《唱歌的天使》。几位天使身着平民服装，既无神圣光环又无背部翅膀。站在前面的两位天使摊开赞美诗，并肩齐声高唱赞歌，给人一种很庄重又很亲切的感觉。这里还有意大利雕刻家狄

·盘果约 1420 年在大教堂侧门上雕刻的《圣母升天图》。

大教堂内还陈列着许多名家的绘画，其中一幅是于 1465 年创作的但丁像。达·芬奇、米开朗基罗、伯鲁涅列斯基、马基雅弗利、伽利略等历史巨人，都曾在此学习过人体的透视画法。

今天的佛罗伦萨大教堂已经对世界各国游人开放。漫步在佛罗伦萨大教堂的周围，你会发现来自世界各地的游人络绎不绝，他们的目的都只有一个，那就是要目睹欧洲中世纪哥特式大教堂的风采。

罗马竞技场

罗马竞技场是迄今遗留下来的古罗马建筑中的卓越代表，也是古罗马帝国永恒的象征。虽然竞技场中的昔日大舞台已不复存在，但仍可使人领略 2000 年前竞技场那雄浑壮阔的气势。

罗马竞技场大致修建于公元 70 年—公元 82 年。竞技场位于意大利的首都罗马市的中心区，在威尼斯广场的南面。

从外观上看，罗马竞技场呈正圆形；俯瞰时，竞技场却是椭圆形的。竞技场的围墙共分四层，一、二、三层均有半露圆柱装饰。第一层的圆柱为粗犷质朴的多古斯式，第二层圆柱为优美雅致的爱奥尼亚式，第三层圆柱为雕饰华丽的科林斯式。竞技场的内部是阶梯状布局，皇室、贵族和骑士阶层都在第一层；市民们则在第二层，第三层就是平民的座位了。

竞技场内看台上面是一个较大的平台，此处可供观众随意站立观看表演。看台前还专门建有与表演区相隔的高高的栏杆护墙，以防止危险发生。竞技场还专门为观众进出建有四座大型拱门。当然，皇帝进出自有专设之门，其门位于竞技场东北部第三十八和第三十九两门之间，较之其他门要宽得多，并且带有门框。

竞技场中央是一个巨大的椭圆形角斗场。斗兽、竞技、赛马、歌舞、阅兵和演戏都在这里进行。据说当初竞技场落成之时曾举行了盛大的庆典，大约有五千多头猛兽亮相场上，庆典之后，竞技场不停地举行角斗，死亡的猛兽和角斗士不计其数。这种血腥的娱乐方式也体现出当时人性的野蛮和残忍。虽然昔日的大舞台已不复存在，呈现在人们眼前的只是过去供演员化妆、角斗士作竞技准备和关野兽的地下室，但仍能使人领略到 2000 年前竞技场那壮阔的气势。竞技场是古罗马建筑中的优秀典范，它对西方的建筑，一直有着重要的影响。

昔日的巍峨壮观，只能由今天的遗址去猜测、想象了，然而谁能真正地领略当时竞技场的雄伟，以及场上斗争的残酷呢？古罗马人爱好角斗，这也是他们血性的一种体现，是罗马文明的一部分，只是随着罗马帝国的逝去，竞技场如今只成了人们眼中的一处风景。

科隆大教堂

以轻盈、雅致闻名世界的科隆大教堂不仅是中世纪欧洲哥特式建筑艺术的代表，也是世界上最完美的哥特式教堂建筑。它与巴黎圣母院和罗马圣彼得大教堂并称为"欧洲三大宗教建筑"。

科隆大教堂全名是查格特·彼得·马利亚大教堂，又称圣彼得大教堂，位于莱茵河畔的德国科隆市中心，是科隆的标志。它是德国最大的教堂，也是全世界最著名的德国建筑纪念碑。

始建于 1248 年的科隆大教堂，几经波折，经过 7 个世纪才竣工。除了它自身特有的价值及其包含的艺术价值外，它还表现了欧洲基督教的力量和耐力。由于社会和环境等许多原因，科隆大教堂曾被破坏和损毁，因此它总是不断地被翻修。

科隆是约公元 50 年作为罗马帝国的殖民地由罗马人建设的城市。大教堂的兴建是天主教和中世纪文化在欧洲勃兴的象征。1164 年，从东方去朝拜初生基督的"东方三圣王"的遗骸，被征战意大利米兰的德意志帝国皇帝、科隆大主教莱纳德以战利品的名义从米兰移到了科隆。于是，科隆成为继西班牙的圣地亚哥、意大利的罗马和德国的亚琛之后最有名的宗教

朝圣地。当时的科隆主教团决定修建一座世界上最大、最完美的大教堂，来供奉这份遗骸，建筑风格选取当时新兴的哥特式，科隆大教堂由此诞生。

科隆大教堂占地8000平方米，建筑面积约六千平方米，东西长144.55米，南北宽86.25米。大教堂的主体部分有135米高，大门两边的两座尖塔高达157.38米，像两把锋利的宝剑直插云霄。大教堂的四周还有许多小尖塔。大教堂内分为五个礼拜堂，中央大礼拜堂穹顶高达43.35米，中厅跨度为15.5米，各堂排有整齐的木制席位，圣职人员的座位有104个，具有中世纪晚期风格的唱诗台是德国最大的唱诗台，它的特别之处在于各有一个预留给教皇和皇帝的座位。祭坛里装饰精美的镀金三王圣龛中就存放了"东方三圣王"的遗骨，因此这个祭坛成为西方最重要的祭坛。

科隆大教堂本身既是一个传奇，也是艺术史上非常出众的题材。教堂内部有着极其讲究的装饰：大教堂四壁上方的玻璃窗上有绘有《圣经》故事的图画，而这些图画都是用彩色玻璃镶嵌而成的。这些玻璃总计有10000平方米，是教堂的一道独特风景。在阳光反射下，这些玻璃金光闪烁，绚丽多彩。堂内还有好几幅石刻浮雕，描绘出圣母马利亚和耶稣的故事。教堂的钟楼上还装有5座吊钟，其中1924年安装的重达24吨的圣彼得钟是吊钟中最大的。每逢祈祷时，悠扬洪亮的钟声，传播得非常远。登上钟楼，莱茵河的美丽风光和整个科隆市的美丽容貌都尽收眼底。

夜色中的科隆大教堂最为壮观：在灯光的辉映下，教堂显得灿烂夺目，美不胜收。装在四周各建筑物上的聚光灯向教堂射出一道道青蓝色的冷光，照在宏伟的建筑上，仿佛给教堂嵌上了蓝色的宝石，染上了绮丽的神秘色彩。教堂中央的双尖顶直插云霄，一连串的尖拱窗驮着陡峭的屋顶，整座教堂显得清奇冷峻，充满力量。

科隆大教堂是由全欧洲两座以最高塔为主门，内部以十字形平面为主体的建筑群。一般教堂的长廊多为东西向三进，与南北向的横廊交会于圣坛呈十字架形；而科隆大教堂采用的是最为罕见的五进建筑，内部空间挑高又加宽，高塔将人的视线引向上天，指向苍穹，象征人与上帝沟通的渴望。传说舒曼进入这个大教堂即震慑于其气势，而被激发了创作《莱茵交响曲》的灵感。

自教堂完工后，科隆市政府即规定：城内所有建筑不得高过教堂，造成科隆许多大楼的地上建筑只有七八层，地下却有四五层之多的特殊现象。从建筑规模和装饰艺术质量来看，科隆大教堂均胜过它之前所有的哥特式建筑，因而成为世界上最著名的、保存最完好的哥特式建筑风格教堂之一。

萨拉曼卡古城

萨拉曼卡古城历史悠久，据说已有两千多年历史。这座古城中心的建筑物风格涵盖了罗马风格、哥特风格、摩尔风格、文艺复兴时期风格和巴洛克风格，吸收众家之长，又别具特色。

在记述公元前 220 年汉尼拔率领迦太基军队攻陷萨拉曼卡的一篇文章中，该城首次在历史文献上出现，当时名为埃尔曼蒂凯。古城中罗马古桥上的石牛就是那一时期的遗产，那时的人们经常在托尔梅斯河两岸放牧。据传，这座古桥本身是图拉真皇帝所建，但经考证，仅有靠近市区一端的 15 个桥拱的建筑年代可以追溯到公元 1 世纪，其余则是在该桥被洪水冲垮之后，在 16 世纪和 17 世纪扩建的。

现在的萨拉曼卡古城仍然保留着罗马时期和中世纪的残余防御土墙、托尔梅斯河上的古桥及石牛，这些建筑是从公元 3 世纪罗马统治崩溃到 11 世纪移民重新流入该市的这段时间里留下的宝贵的历史遗产。

令萨拉曼卡名声大震的第一重要因素当数大学生形象。在"黄金世纪"时期的西班牙，在许多的小说和戏剧中担任主角的都是大学生，而他们又大

多来自萨拉曼卡。直到 19 世纪时，何塞·德·埃斯普龙塞达·德尔加多笔下的《萨拉曼卡的学生》还延续着这一形象，其间从未间断。即便是今天，青春与活力也依然是萨拉曼卡日常生活和文化生活的标志，那里的 30 岁以下居民占据人口总数的一半。

萨拉曼卡古城中的圣马利亚主教堂又名旧大教堂，它的这个名字是用来区别于三个世纪之后在其毗邻处建起的新大教堂。从著名的奇科内院可以欣赏到它的美景。雄踞建筑物顶部的"鸡鸣塔"带有东方特色。它的底部两端绵延出四座角楼，向高处耸起一座带有拜占庭风格的拱顶。为了覆盖教堂中殿，建筑师佩德罗·佩雷斯对原设计进行了修改，他所发明的这一典雅的解决方案，可以称得上是建筑创造性的典范。

旧大教堂之所以著名，不仅是因为它有大量令人感兴趣的建筑和装饰，而且还因为这里曾被用做教会学校的校舍。

年代可以追溯到 17 世纪初的"大学内院"是在雄伟的大学正立面俯瞰下的一个小广场，这也就是萨拉曼卡宗座大学的前身。广场旁排列着的一些建筑，组成了这所古老的综合性大学的中心部分：大学开设大学预科高班部和低班部，以及医学院预科。1218 年，遵照阿方索九世的圣谕，教会学校把课程安排扩大，设立了普通学科。从 1255 年起，萨拉曼卡大学便与牛津大学、巴黎大学一起并称为基督教世界最著名的学术中心。

15 世纪—16 世纪时，这座大学迎来了黄金时期。大学预科高班部建成于 1415 年—1433 年；医学院则奠基于 1413 年；大学预科低班部则建于 1533 年。这些建筑采用了哥特式圆拱，这是一种弧线与反弧线的错综复杂的组合，可与在萨拉曼卡的许多内院中的其他一些潜藏的珍宝相媲美。

医学院预科之所以在习惯上被认为是古罗马法庭的遗址，是因为其所在地点曾是勃艮第的雷蒙官邸，它是一座典型的哥特式建筑。壁缘的华丽装饰仿照意大利文艺复兴时期的风格元素：农牧之神、涡卷饰、叶卷饰和怪状人面装饰。宗座大学那扇 16 世纪初的大门同样也属于该风格。其下部的西班牙历代天主教国王的圆雕塑像，以及其上部的某些赫拉克勒斯和维纳斯的令人叹为观止的画像，可以使人们对文艺复兴时期文明的概貌有一个大致的了解。

产自马约尔镇地区的赤金色岩石是萨拉曼卡所有建筑的建筑材料。巍然屹立在宗座大学内院中央的神学家、诗人和哲学家弗赖·路易斯·德·莱昂的雕像，仿佛是在为诗人米格尔·德·乌纳穆诺的诗句"封固着你灵魂的那些岩石，带着成熟的谷穗的颜色"作无声的诠释。教学楼和古老的大学图书馆坐落在壮丽的大门里面，其中图书馆建于 1254 年，是欧洲最古老的大学图书馆。

圣彼得大教堂

圣彼得大教堂又译为"圣伯多禄大教堂"。这座拥有着上百件艺术瑰宝的建筑圣殿凝结着米开朗基罗、贝尼尼等艺术大师的智慧与心血。它以独具匠心的建筑风格，富丽堂皇的室内装饰，深得世人的赞誉。

圣彼得大教堂坐落于梵蒂冈的中心，它是基督教的中心教堂，同时也是一座伟大的教堂建筑。

圣彼得大教堂是世界第一大天主教堂，整体呈罗马式和巴洛克式建筑风格。登上教堂正中的圆穹顶部即可眺望罗马全城；在圆穹内的环形平台上，又可俯视教堂内部，欣赏圆穹内壁的大型镶嵌画，以及米开朗基罗、拉斐尔等名家的壁画、雕塑艺术。可以说，教堂内外的所有景致尽收眼底。

圣彼得大教堂的整栋建筑呈十字架的结构，造型传统而神圣。教堂最早建于公元 326 年，原始的构想只是将其设计成一座小会堂，建于圣彼得墓穴的正上方。经改建后，终于形成了现在的模样。圣彼得大教堂不仅是一座富丽堂皇值得参观的建筑圣殿，它所拥有的众多艺术瑰宝，更被视为无价的资产。

教堂下面的廊檐上方有 11 尊雕像，中间为耶稣基督像；两侧各

有一个座钟，右边是格林尼治标准时间，左边是罗马时间。大殿下面有五扇门，一般游客们都从中门入殿。如果遇到机遇，教徒们就可从右边的圣门进入大殿，不过这样的机遇要 25 年才有一次。按规定，每隔 25 年的圣诞之夜，教皇会带领圣徒们从圣门进入圣堂，意为进入天堂。另外的三门即"圣事门""善恶门"和"死门"。从中门进入圣彼得

建筑风格

圣彼得大教堂是一座长方形的教堂，整栋建筑呈现出一个希腊十字架的结构，造型是非常传统而神圣的，这同时也是目前全世界最大的教堂。

教堂内部，呈现在眼前的是一座熠熠生辉的艺术宝库。屋顶和四壁都饰有以《圣经》为题材的绘画作品，而且很多出自名家手笔。最引人注目的雕刻艺术杰作主要有三件：一是米开朗基罗 24 岁时的雕塑作品；二是由四根螺旋形铜柱支撑的青铜华盖；三是圣彼得宝座，它是贝尼尼设计的一件镀金的青铜宝座。宝座上方是光芒四射的荣耀龛及象牙饰物的木椅，椅背上有两个小天使，天使手持开启天国的钥匙和教皇三重冠。传说这把木椅是圣彼得的真正御座，后经考证这是由加洛林国王泰查二世赠送的。

非洲

F E I Z H O U

金字塔

金字塔是古埃及法老的安息之所，他们相信有来世，为了让自己的来世能够继续尘世的生活，他们便妥善安置自己的遗体，所以修建金字塔便成了法老生前最重要的事。

金字塔是古代埃及法老的陵墓，位于开罗西南约十千米处的吉萨。在古埃及，每个法老都希望自己死后能超度为神，因此在登基之时就开始为自己修建陵墓。陵墓用巨大的石块建成，呈方锥形，与汉字中的"金"字很像，因此汉语中就将其译成"金字塔"。

在埃及的孟菲斯城西南的萨卡拉，大约有八十多座古代法老王的金字塔陵墓。在这些金字塔中，驰名世界的就是吉萨的三座金字塔。这三座金字塔分别是由古埃及第四王朝的法老王胡夫、哈夫拉和孟考拉所建造的。

在萨卡拉墓地中，除马斯塔巴外，也间杂有阶梯金字塔。大约建于公元前2650年第三王朝第二代法老祖塞尔的6层阶梯金字塔，由当时著名的建筑师伊姆胡特主持建造，这座金字塔是埃及历史上第一座大规模的石砌结构陵墓。最初，祖塞尔墓是按马斯塔巴设计建筑的，是一座方形的平顶墓。但是，伊姆胡特为了体现法老的威严，将这座马斯塔巴地上建筑的四周向外扩大，又加盖了5层。最终，6层的马斯塔巴形成了重叠而逐层向上缩小的阶梯式金字塔。整座金字塔用采自阿斯

旺的花岗岩建成，塔底部结构十分复杂。

外形庄严、雄伟、朴素、稳重的胡夫金字塔，是吉萨大金字塔中最著名的一座，它十分和谐地与周围的高地、沙漠融为一体，浑然天成。其内部结构复杂多变，风格独特，凝聚着建筑者非凡的智慧。大金字塔历经数千年的沧海桑田，风采依旧，显示了古代埃及极高的科技水平与精湛的建筑艺术，成为古埃及文明的象征。

约建于公元前2670年，高146.5米的胡夫金字塔，底面呈正方形，每边长232米。金字塔的角度、线条、土石压力都事先经过周密的计算，它的拐角处几乎是完美的直角，四个斜面正对东、西、南、北四方。金字塔的建成共用了230万块巨石，平均每块石头重达2.5吨，最重的一块有50吨重。所用的石头均经过仔细打磨，石头之间不用灰浆等黏结物，石块叠垒非常严密，中国的缝隙连刀都插不进去。金字塔虽然经历了多次大地震，但迄今为止它依然完好无损。

金字塔的建造过程非常艰辛。修筑金字塔的石料来自埃及的不同地方，金字塔的内部、外框，以及通道和墓地所用的石料分别采自吉萨附近的沙漠、尼罗河的东岸和960千米外的阿斯旺地区。每年当尼罗河河水泛滥的时候，巨大的平底驳船载着石块从尼罗河上游漂流下来。为了把石料从尼罗河边运到金字塔工地上，人们就用碎石铺成一条斜坡路。沿着这条斜坡路，工人们编成一个个小组，用杠杆、滚柱和用芦苇拧成的粗大绳索，把巨大的石块拖上为修筑金字塔而建造的工作面。至今还能依稀看到一些石灰石块上标注的

班组和监工的名称。

吉萨还有另外两座大金字塔——哈夫拉和孟考拉金字塔。比胡夫金字塔略小的哈夫拉金字塔其庄严的艺术风格和精确的工程设计并不比胡夫金字塔逊色。由于哈夫拉金字塔处在一块较高的台地上，所以，看上去似乎比胡夫金字塔还雄伟。

孟考拉建造的金字塔位于南端，体积是三座金字塔中最小的，但十分精致。金字塔的底边长 108.7 米、高为 66.5 米，远望仍是极为壮观。

岁月在漫天黄沙中流逝，转瞬间过去了几十个世纪，这三座大金字塔依然屹立在天边的沙漠中，傲对碧空。怀着浓厚兴趣的一代又一代的科学家、学者和探险家对金字塔进行一次又一次的探索。人们虽然对金字塔有了一些认识，但是仍有许多谜团等待着人们去揭开。

狮身人面像

古老的狮身人面像屹立在金字塔旁，有人认为它是守护胡夫金字塔的，也有人认为它是为哈夫拉守护陵墓的，还有人认为它并不是为谁而存在，但无论真相如何，它仍是一座伟大的建筑。

从开罗西行数千米，来到吉萨的沙漠中，世界古代七大建筑奇迹之一的金字塔便屹立眼前。在最大的胡夫金字塔东侧便是狮身人面像，它以诱人的魔力吸引了各地的游客。

狮身人面像的造型表示以狮子的力量配合人的智慧，象征着古代法老的智慧和权力。整座雕像除狮爪外，其余全用一整块巨石雕成，雕像高约二十米、长约五十七米。雕像的头部原有神蛇，下巴上原有胡须，现在这些全都不存在了，雕像的鼻子也没有了。

有人认为狮身人面像的建造者是胡夫法老。当时的人面像脸长5米，头戴"奈姆斯"皇冠，额上刻着"库伯拉"圣蛇浮雕，下颌有帝王的标志——下垂的长须。但这种说法并不能使人们完全信服，且不说胡夫是不是建造者，那斯芬克司狮身人面像的头像，真的是胡夫吗？这是个千古之谜。用自己脸庞的形象雕刻狮身人面像，用来护卫自己的陵墓，不会被人耻笑吗？那显然降低了

法老的身价。这让人很难理解。

也有人认为狮身人面像的建造者应是埃及第四朝法老哈夫拉，其头像就是依照哈夫拉的脸部雕刻的，但后来考古学家在吉萨发现了一些石碑，碑文中提到法老胡夫曾见到狮身人面像。那么依照这一文献来看，这座雕像的建造年代应该比哈夫拉早。现在有关狮身人面像唯一能确定的就是它应是修建于公元前 2500 年前后，至于建造者是谁，头像雕刻的是谁，人们还在研究中。

现在，古埃及的狮身人面像一般被人们认为是用来守卫法老陵墓的，但是有人却不这样认为。这个人就是美国的大预言家埃德加·凯西，他从 1933 年开始一次次地否定狮身人面像是古埃及人建造的这一说法。那金字塔的修建到底是为什么呢？

于是人们又继续寻找，在古代的一段铭文里记述道：地上的荷鲁斯神在夏至前的 70 天，由弯弯曲曲的河的东岸或者说另一面开始

行走，那么 70 天之后，他与地面上的另外一个神祇结合，正好出现在太阳升起的那一刻。于是人们就开始分析这段铭文，寻找它的真正含义。荷鲁斯神从这一岸到那一岸究竟是什么意思呢？有人也按照铭文内容去试验，却一直没有找到让他们能很好地理解这个问题的答案。后来有一个聪明人，他认为从地平线上弯弯曲曲的河走过来，其实弯弯曲曲的河指的应该是弯弯曲曲的银河。于是就有人真的在夏至前的 70 天站到吉萨去观测银河的东部，在那里发现了一颗闪亮的星星，太阳就出现在这颗星星的旁边。人们又开始观察太阳和这颗星星，观察的结果是，70 天后，它们真的落到地平线。而这颗星星确实是移过了天上弯弯曲曲的银河，来到了这一边。有人认为这颗星星也许就是铭文所说的荷鲁斯神。而在地平线的那一点上，70 天之后真的出现了一个狮子星座，荷鲁斯神和狮子星座合二为一。于是人们推测古埃及的铭文里所提到的就是这一内容。而狮身人面像的修建与法老的陵墓应该没有关系。但这也只是猜测，真相到底是怎样的，还有待科学家去进一步研究。

狮身人面像经历了几十个世纪的风吹雨打，现在已经是千疮百孔，尤其是雕像的颈部和胸部被腐蚀得最厉害。在 1981 年还有一次"重伤"，雕像的左后腿突然塌方，出现了一个长 3 米、宽 2 米的大窟窿，而在 1988 年 2 月，雕像的右肩上又掉下来两块巨石。现在人们不禁为狮身人面像担忧，不知道它还能屹立多久，人们也正在进行各种努力，希望它能够永远屹立不倒。

庞大的狮身人面像沉默地屹立了几千年，它历尽沧桑的面容里似乎已有了憔悴的神色。在它的身上有那么多的谜题，让人们困惑不已，也许有一天，人们会了解到有关它的一切。

卢克索神庙

埃及是一个古老而神秘的国度，古埃及人民创造了许多奇迹，卢克索神庙就是众多奇迹中的一个。曾经辉煌一时的卢克索神庙，凝聚了古埃及几代法老的心血，他们的名字因神庙而被铭记。

卢克索神庙位于埃及的首都开罗市以南七百多千米处的尼罗河东岸，在卢克索镇的北面。神庙集中了埃及中王朝与新王朝时期的许多遗迹。

卢克索神庙印证了卢克索辉煌无比的过去，包括埃及第十八王朝的第十九法老阿蒙霍特普三世和第十九王朝的拉美西斯二世时期，以及希腊、罗马时代的建筑群。卢克索神庙从现存的拉美西斯二世塔门起，至希腊、罗马时代的圣所止，都处在一条中轴线上。

卢克索神庙长达 262 米、宽 56 米，占地面积约有三十一万平方米。整个神庙由塔门、庭院、柱厅和诸神殿构成。在塔门两侧矗立着六尊拉美西斯二世的巨石雕像，塔门是神庙的主要入口，进入塔门的东北角是太阳神阿蒙的神庙。

在卢克索神庙的正门原来立着一对花岗岩的方尖碑，碑体用整块的花岗岩雕凿而成，碑体上布满了象形文字，文字记述的内容多是"古埃及的拿破仑"图特摩斯三世的事迹。立于塔门前的方尖碑直挺而上，与左侧的两株

笔直的棕榈树形成无生命与
有生命的和谐共存。

　　穿过圆柱门是阿蒙霍特
普三世神庙，三面由双层柱
廊环绕。残存的遗迹中有一
幅浮雕，描绘了阿蒙霍特普
三世法老由神引导步入圣殿
的情景。

　　在中央大厅的东面有一
间降生室，室内的四周石壁
上刻有浮雕，是描绘象征穆伊亚女王和太阳神阿蒙结婚的浮雕，还
有在女神帮助下王子降生情景的浮雕。庭院四周三面建有双排雅致
的石柱，石柱有些呈纸草捆扎状，柱顶像一朵盛开的花，十分优美。
北部入口处是造型独特的柱廊，共有 14 根柱子，每根大约有十六米
高，这些廊柱是卢克索神庙中最早的核心建筑，是阿蒙霍特普三世
时代建造的，当时还修建了中庭和多柱厅。

　　介绍卢克索神庙，必须要提到埃及第十九王朝的第三位国王拉
美西斯二世。作为埃及历史上颇有
名望的一位国王，拉美西斯二世不
但具有雄才大略，喜欢南征北战，
还喜欢大兴土木，一生建树极多。
他在世时征集了大量人力、物力和
财力，对卢克索神庙进行了一番整
修。一来到这里，立刻就能感受到
拉美西斯二世无处不在的身影。在
拉美西斯庭院里，石柱中立有一尊
拉美西斯二世法老王的石雕像。旁
边的石壁上镌刻着一些浮雕和文
字，叙述了举行庆典仪式的情形。
柱旁石壁上的浮雕描绘了新年之际
"圣船"队从卡纳克到卢克索往返

的盛况。古埃及人信仰的太阳神阿蒙一家，在法老和祭司的陪同下，分乘四条船，从卡纳克神庙向卢克索神庙驶进，船的后面跟随着尼罗河两岸浩大的队伍，歌舞相伴之中，气氛异常热烈。"圣船"到达卢克索神庙，便杀牛宰羊，群臣欢宴。

卢克索神庙的现状不容乐观，它正面临着巨大的盐碱化侵蚀。现在不断上涨的尼罗河水也在威胁着卢克索和卡纳克的神庙。尼罗河水位上涨以及建筑盐碱化程度加深，使拥有几千年历史的卢克索神庙群正在不断被侵蚀。

原来在阿斯旺大坝建成以前，卢克索建筑群建成后三千多年中，季节性的尼罗河泛滥会把神庙立柱上旱季时形成的盐分洗刷掉。但现在阿斯旺大坝的建成，使尼罗河的水位常年维持在相同水平，神庙累积的盐分就越来越多。另外，附近农田中所使用的化肥等也加速了盐碱化进过程。积留的河水成为细菌和真菌的温床，使文物保护越来越艰难。

现在，埃及政府正在为拯救卢克索神庙制订多项计划，他们想尽一切办法来挽救这些文物古迹，相信埃及政府的努力一定会使卢克索神庙继续完好地存在下去。

卡纳克神庙

历尽几千年风雨的卡纳克神庙见证了古埃及中王朝和新王朝曾经的辉煌。有时候历史就是通过这些神庙建筑被记载下来，渐渐成为永恒的。

卡纳克神庙也被称为卡纳克－阿蒙神庙。它位于尼罗河东岸的卢克索镇北4千米处。卡纳克神庙共分三部分：供奉太阳神阿蒙的阿蒙神庙；供奉阿蒙的妻子——战争女神穆伊亚的神庙；第三部分是孟修神庙。神庙两旁建造了许多狮身羊面像，雕像中间是一条直通卢克索神庙的甬道。

新王国时期底比斯城的中心是巨大的卡纳克神庙。卡纳克神庙是底比斯最为古老的庙宇，由砖墙隔成三部分。其中阿蒙神庙保存得最完好，也是面积最大的一部分。孟修神庙和穆伊亚女神庙都远远小于阿蒙神庙。

卡纳克神庙以其浩大的规模而扬名世界，它是地球上最大的用柱子支撑的神庙。卡纳克神庙最初建于中王国时期。据说当年建造神庙时，将工匠、祭司、卫士、农民全包括在内，共有81322人为这座神庙付出了艰辛的劳动。法老们远征的战利品和劫掠的钱财为神殿的建造提供了极为丰富的资金来源。卡纳克神庙集聚了历代法老的心血，其中阿蒙霍特普三世建造了中央的 12 根大柱，用以支撑众多的柱楣。拉美西斯一世开始对大殿进行装饰，一直延续到塞提一世和拉美西斯二世时代。卡纳克神庙从三千多年前的十七王朝开始修建，经十八王朝、十九王朝和二十王朝不断增修扩建，历时一千三百多年。

卡纳克神庙的规模宏大、壮观，豪华奢侈冠绝当时。神庙有 10 座门楼，各座门楼又有相应的柱厅或庭院。全庙平面略呈梯形，主殿按东西轴向建造，先后重叠建有 6 座门楼，再从中心向南分支，分列 4 座门楼。其中石柱大厅最为著名，大厅是十九王朝的拉美西斯一世、塞提一世和拉美西斯二世三代法老倾力修建的。柱厅中共有 134 根圆柱，中间阿蒙霍特普三世建造的 12 根最大，每根高达 20 米以上，据说柱顶能站立百人。在门楼和柱厅圆柱上装饰着丰富的浮雕和彩画，这些浮雕和彩画的内容有的是表现宗教题材的，有的是歌颂国王业绩的，还附有铭文。这些内容都是重要的历史研究资料。

现在，神庙的建筑布局大概是这样的：一条由羊头斯芬克斯雕像拱立的甬道一直伸入神庙，它们代表阿蒙神，每一尊雕像的两条前腿间都有一尊拉美西斯二世的小雕像。第一道门大约建于神庙建成的六百年后，门高 43 米，

是卡纳克最大的一座门。穿过第二道门进入多柱厅，也就是石柱大厅。厅内的柱林是世界上最壮观的景观之一。在第三道和第四道门之间的庭院内，立着一座图特摩斯一世的方尖石碑，据说这里的石碑原来是一对，而另一个现在已经不知去向。第四道和第五道门之间是图特摩斯一世之女哈特舍普苏所立的两座方尖碑。几个世纪以后方尖碑既未被风化，也没有遭到损坏，在顶端处还可以看到高墙遮挡而形成的印记。而哈特舍普苏女王也因这些方尖碑被人们所了解。一旁的两座粉色花岗岩石柱上，一侧刻着百合花，一侧刻着纸莎草花，这是传统的上下埃及的标志。

阿蒙神庙南面是长 120 米的圣湖，圣湖湖水清澈，水中可以看到神殿的倒影。传说，阿蒙神在每年的奥佩特节乘坐圣船来此参加庆典。半截方尖石碑旁边是阿蒙霍特普三世献给初生朝阳的巨大的蜣螂雕像。

卡纳克神庙里包容了众多的古埃及历史，那里不仅仅留下了每一代法老对神的崇拜，也留下了有关每个法老的历史，因此卡纳克神庙也成为古埃及中王国和新王国历史、文化的重要考古遗迹。站在卡纳克神庙前，人们似乎又回到了那遥远而又辉煌的过去，所有已沧桑模糊的故事，都一一再现。

帝王谷

"**谁**扰乱了法老的安眠，'死神之翼'将降临到他的头上。"这恐怖的咒语，就刻在帝王谷中图坦卡蒙的陵寝中，但咒语也未能挡住贪婪者的脚步，帝王谷很快被洗劫一空。

帝王谷位于尼罗河西岸，距岸边 7 千米，这里埋葬着古埃及第十七王朝到第二十王朝的 62 位法老。在埃及除了蜚声世界的金字塔外，最令人向往的地方就是帝王谷。

帝王谷坐落于离底比斯遗址不远处的一片荒无人烟的石灰岩峡谷中。在那断崖底下，就是古代埃及新王国时期（公元前 1567 年—前 1085 年）安葬法老的地点。几个世纪以来，法老们就将墓室开凿在尼罗河西岸的这些峭壁上，这些墓室就是用来安放他们尊贵遗体的地方。同时这里还建有许多巨大的柱廊和神庙。这里曾经是一处雄伟壮观的墓葬群，六十多座帝王的陵墓都位于这里，埋葬着图特摩斯一世和图特摩斯三世、阿蒙霍特普二世、塞提一世、拉美西斯二世等埃及法老。

图坦卡蒙的黄金面具

图坦卡蒙是三千三百多年前的一个年轻埃及法老，他的豪华陵墓和黄金面具已成为埃及古老文明的重要象征。

在帝王谷中，1922 年发掘出图坦卡蒙法老墓，他的墓中藏宝最为丰富。现在图坦卡蒙法老的木乃伊仍然安置在墓室之中，在墓室正面的墙上，还绘有以

奥塞里斯神形象出现的图坦卡蒙法老，上面还有他的继位者阿伊王。

在图坦卡蒙陵墓中，有很多法老的咒语，如那句著名的"谁打扰了法老的安眠，'死神之翼'将降临到他的头上"。现代人从没将其当真，只将其看做用来吓唬盗墓者的诅咒。可是事有凑巧，截至1930年底，先后有22位与图坦卡蒙的陵墓直接或间接扯上关系的人都死于非命，其中有13人直接参与过陵墓的挖掘。据说这是"法老的诅咒"起了作用，一时之间令世人恐慌不已。

目前帝王谷中最后被发现的一座法老墓是图特摩斯三世的陵墓，这座陵墓也是唯一一座未遭破坏的法老墓，墓内的线条构图十分漂亮，墓中的陪葬品也非常奢侈，现在这些物品都进入博物馆中。

为了防止盗墓，图特摩斯一世把岩洞陵墓修建在了帝王谷，但他万万没有想到，历史却将帝王谷变成了盗墓者的天堂。

那些法老们在死后得到极尽奢华的安置，在那些盗墓者眼里，诱惑实在太大了，那里每一座墓室的财富数量都远远超过贪婪者的想象。在帝王谷中，为了便于集中守护，法老们选定的墓穴位置都彼此靠近，不像过去那样分散，然而这恰恰给盗墓者提供了方便。不知从何时开始，一批批的盗墓者来到帝王谷周围，他们用尽各种方法，进行疯狂的盗墓活动。图特摩斯一世的遗体在那里平安待了多久不得而知，但他的后辈图特摩斯四世下葬不到10年，陵墓就被盗墓者洗劫一空，最让人无法容忍的是，在墓室的墙上，盗墓者还

留下了得意的留言。在 500
年间，帝王谷中的每一座墓
室都无一例外地遭到了洗劫。
后来的法老们只好一次又一
次地将他们的先祖改葬。据
说，拉美西斯三世的遗体前
后改葬了三次，阿赫密斯、
阿门诺菲斯三世、图特摩斯
二世，以及拉美西斯大帝的遗体也都曾被改葬别处。到最后，由于
无论如何也找不到合适的地方，法老只好将几具，甚至十几具法老
木乃伊堆放在同一个地方。曾经有一位开罗博物馆的工作人员仅在
一个秘密洞穴中就发现了四十多具法老木乃伊。

　　朝代更迭，时光流转，3000 年转瞬即逝，在这段时间里，一批
又一批的盗墓者翻遍了这片山谷，帝王谷最终被彻底废弃，成了一
片破败不堪的荒漠。可以想象，这里的陵墓遭到了怎样的浩劫——
这个被四周的山脉所包围的荒凉峡谷，充满了死亡的阴影。曾经布
置奢华的洞穴已被洗劫一空，许多洞穴的入口敞开着，成为野狐、
蝙蝠等动物的巢穴。然而，尽管帝王谷已经破败不堪，还是有一些
贪婪者在每一个已遭破坏的洞穴里寻觅着、搜寻着。

苏伊士运河

曾经，欧洲与亚洲之间的水路交通要绕到非洲南端的好望角，不但费时费力，而且还有许多的风险。苏伊士运河开通后，为水上航运提供了很大的方便，促进了各国经济贸易的往来。

苏伊士运河位于埃及东北部，纵穿狭窄的苏伊士地峡，北起塞得港，南到陶菲克港，苏伊士运河全长一百七十多千米，河面平均宽度为135米，平均深度为13米。苏伊士运河于1859年破土动工，1869年修成。运河开通后，就成为交通要道，被称为世界海上航道最重要的"十字路口"之一，具有极其重要的经济、政治、军事战略价值。

苏伊士运河是沟通欧、亚、非三洲的交通要道。它南北连通了红海和地中海，使大西洋经地中海和苏伊士运河与印度洋和太平洋连接起来，大大缩短了东西方航程。

这条运河允许欧洲与亚洲之间的南北双向水运，而不必绕过非洲南端的好望角，大大缩短了航程。在苏伊士运河开通之前，人们也曾想过一些方法使货物能够由地中海到达红海，只是无论哪种方法，都大费周折。

苏伊士运河地处欧、亚、非三洲交接地带，战略位置非常重要。如今，苏伊士运河上过往的船只数和货运量在国际运河中名列前茅。苏伊士运河也具有很高的经济价值，然而凝聚了埃及人民血汗的运河曾一度被英法的运河公司所控制。苏伊士运河公司每年攫取巨额利润，成为埃及的"国中之国"。1952年埃及七月革命胜利后，埃及人民掀起反对英军占领运河区，要求收回运河主权的斗争。1954年10月，英国被迫同意于1956年6月13日前将占领军撤出运河区。埃及人民经过顽强的斗争，终于将苏伊士运河的主权收了回来。

运河北起地中海东南岸的塞得港，港口位于地中海与曼宰莱湖间狭长的人造陆地上，成为运河最重要的北大门。由塞得港起航南行，首先到达的是曼宰莱湖，曼宰莱湖的湖水并不深，所以大的船只要沿着人工疏浚的航道通行。过了曼宰莱湖，再经过巴拉运河后，就会到达苏伊士运河的中段城市坎塔拉。过了坎塔拉再向南行，就会抵达运河的中点，这里有提姆萨赫湖，此湖正好处在中点线上。提姆萨赫湖的湖水并不深，所以也有一条人工开凿的航道，航道长约十六千米。湖西岸是运河的行政中心和指挥中心伊斯梅利亚，伊斯梅利亚城还是联系尼罗河流域和苏伊士运河的水路中转站。这是因为来自尼罗河的伊斯梅利亚运河也是通过该城自西向东汇到苏伊士运河的。过了伊斯梅利亚，苏伊士运河再经过大苦湖和小苦湖后，运河便沿直线前行直达苏伊士湾，一直抵达运河最南端的陶菲克港。苏伊士运河在开凿过程中，巧妙地将低平的地和湖泊加以利用，而且地中海与红海的水位差也很微小，因此苏伊士运河上并未设置船闸，这使它

成为世界上最长的无船闸运河。

一百多年前，苏伊士运河被马克思称为"东方伟大的航道"。苏伊士运河的建成使亚洲各港口到欧洲的航程缩短了 8000～10000 千米以上。而且通过运河的航线大多途经内海，远比以风险闻名的好望角航线安全得多。

运河于 1981 年 10 月 1 日正式启用的电子控制系统使运河的通过其勤劳提高了近 1 倍，同时也提高了航运的安全性，这标志着运河管理进入了现代化的新时期。运河可以日夜通航，现在每天通过运河的船只可达 100 艘以上。尤其值得一提的是，苏伊士运河与其他水域相比，事故的发生率几乎为零，这使它成为安全系数较高的航线之一。

苏伊士运河是埃及劳动人民勤劳的产物和智慧的结晶，埃及人民以自己的双手成就了无数的奇迹，而苏伊士运河则是所有奇迹中最造福于民的一项重要工程。现在，每一个在苏伊士运河上乘坐船只观赏着运河两岸风光的人，都会惊叹于人类创造力的伟大。

亚历山大灯塔

闻 名世界的古代七大奇迹在埃及就有两个，除了位列七大奇迹之首的吉萨金字塔外，还有亚历山大灯塔，它名列第七位。这座大灯塔纯粹是为了人民实际生活而建，不带有任何宗教色彩。

亚历山大灯塔位于埃及亚历山大城边的法鲁斯岛上。亚历山大灯塔高 122 米，加上塔基，整个高度约一百三十五米。塔楼分为三层。第一层是方形结构，高 60 米，里面有三百多间不同样式的房间，包括用做燃料库、机房和工作人员的寝室等；第二层是八角形结构，高 15 米；第三层是圆形结构，上面用 8 根 8 米高的石柱围绕在圆顶灯楼周围。灯楼顶部，矗立着 8 米高的太阳神赫里阿斯的青铜雕像。整座灯塔的建筑材料都是花岗石和铜，而灯却是人们用木材和橄榄油制成的。整个灯塔的面积约九百三十平方米。聪明的设计师还运用反光原理，用镜子把灯光反射到更远的海面上。这座奇特的灯塔，夜夜灯火通明，兢兢业业地为入港船只导航，给舵手带来安全感。

亚历山大灯塔的建造源于一个令人悲哀的沉船事件。公元前 280 年秋天的一个晚上，月黑风高，一艘来自埃及的皇家油轮，在驶入亚历山大港时，触礁沉没了，油轮上所有的皇亲国戚和刚从欧洲迎娶来的新娘，全部葬身海中。这一消息，令埃及朝野上下震惊不已。埃及国王托勒密二世下令在亚历山大

港最大港口的人口处修建导航灯塔。40 年后，在距法鲁斯岛东端 7 米处的礁石上，一座被人们称为"亚历山大法鲁斯灯塔"的雄伟建筑拔地而起。

希腊建筑师索斯查图斯主持设计了亚历山大灯塔，灯塔高度之高，使它成为当时世界上最高的建筑物。一千多年过去了，亚历山大灯塔一直默默地在暗夜中为水手们指引进港的路线。

公元 7 世纪，部分灯体被埃及国王拆毁，公元 9 世纪下半叶，曾对其进行修复。12 世纪初，此地曾发生了严重的地震，使得该建筑八面体部分被毁，只剩下底层部分。1326 年，灯塔全部被大地震所毁。这座亚历山大城的忠诚卫士，这顶亚历山大城的王冠，就这样从人们的视线中消失了。15 世纪，埃及国王玛姆路克苏丹为了抵抗外来侵略，保卫埃及及其海岸线，下令在灯塔原址上修建一座城堡，并以他本人的名字命名。埃及独立之后，城堡改成了航海博物馆。

博物馆大厅两侧的大玻璃展览窗内分别陈列着一个古船模型。左侧的是已有三四千年历史的尼罗河船，它的外形像中国的龙舟，船身狭长，共有十多只船桨，头尾分别刻有荷花和纸莎草浮雕图案；右侧为公元 6 世纪—公元 7 世纪的帆船，船上的风帆可以灵活转向，这两个船模充分证明了埃及人民很早就掌握了航运技术。

博物馆一楼所有展品中最引人注目的是一只表现埃及海船围绕非洲远航的沙盘。二楼展品介绍的是埃及从"希腊时期"（公元前 3 世纪）到当代海军的航海历史。法鲁斯古灯塔的复原模型就位于该层。二楼还陈列着许多

大幅历史画。人们不仅可以看到 19 世纪时开凿运河的场景，而且还能看到 20 世纪 50 年代埃及人民为争取运河国有化所走过的艰难历程。展厅中有一组反映 1956 年 12 月塞得港巷战的雕塑。1956 年 7 月 26 日，纳赛尔总统宣告收复苏伊士运河的主权，英法殖民主义者不愿退出历史舞台，不顾一切地发动战争，妄图侵占塞得港。人们从雕塑上可清晰地看到当时交战的混乱场面：海面上敌舰密布，空中伞兵纷纷降落，狂轰滥炸使塞得港变成了废墟，但埃及人民却很坚强，他们在残垣断壁中同英法侵略军展开了最后的决战。

近代部分的最后一组展品是表现埃及人民保卫运河主权的胜利画面。在一幅描绘英法入侵者狼狈撤退的油画的侧面，陈列着当年战争中的海军英雄画像、立功战舰的模型，以及战利品。

阿波美王宫

在非洲西部的贝宁共和国南部，有一座古老的王宫，这座王宫叫做阿波美王宫，曾是西非海岸以贩卖奴隶而繁荣一时的阿波美王国的首都，它与"象牙海岸""黄金海岸"相并列，被称为"奴隶海岸"。

阿波美王宫的历史可以追溯到 17 世纪。相传距阿波美 80 千米外的阿拉达王国有一位王子，他率领效忠他的随从篡夺了王位之后开始攻打阿波美部落，杀死了部落首领"达"建立了一个新王国取名为"阿波美"，意思是建立在敌人肚子上的城。1645 年，阿波美王国建起了第一座王宫。

后来，阿伯美王国逐渐发展成了一个军事、经济强国。在"奴隶海岸"上，自其成立一直到 19 世纪，阿波美王国垄断了非洲同欧洲国家主要公司的贸易。其大部分财富来源于奴隶交易，即把战俘当作奴隶卖给那些急于想把战俘转卖到"新世界"去的欧洲商人。阿波美王国的臣民多数是冯族人。

18 世纪中叶，即阿加贾国王统治时期，阿波美王国征服了西非港口奎达赫，之后这里就变成了由王室垄断的奴隶贩卖中心，同时也是西非最庞大的奴隶贸易的中心。19 世纪是阿波美王朝的鼎盛时期，其宫廷之奢华和典礼之隆重均令人叹为观止。1892 年法国

人攻进了阿波美城，将这个王国毁于一炬，只有两座王宫得以幸免，目前西非文物史料保存得最完整的阿波美历史博物馆就是在它们的基础上休憩改建而成的。

博物馆第一展览室设在议事厅内，这里主要陈列历代国王的礼服与轿子，以及各类祭器、国王用过的烟袋与拖鞋等。展览室外墙上，嵌有上百座彩色泥塑，线条简练粗犷，红绿色彩分明，每一座泥塑描述了一个历史事件，一座座泥塑串连起来，就构成了一部阿波美王国的简史。在院子北边的第二展览室最让人惊心动魄，这里陈列着阿波美王朝历代君主的御座。御座用整木雕成，花纹对称而细致，有的御座下面垫有被征服的部落首领的头盖骨，以显示国王的赫赫战功。第三展览室展示的是历代兵器，如带鞘刀剑、木柄长矛、自

制土炮、由青年妇女组成的"娘子军"在反抗殖民军时用过的砍刀，以及一门缴获的机关炮等。

自1695年至1900年，一共有12位国王统治这个国家，每一个国王都在皇家园林内修建了自己的豪华皇宫。阿波美王朝灭亡后，只在阿波美城中心留下了一块方圆0.4平方千米的遗迹。阿波美的各个王宫在造型、材料方面都十分相似。建造王宫使用的都是土坯外墙、茅草屋顶，门窗由木材做成。大王宫区内，每座建筑都有自己的围墙，围墙内形成3个相通的院

落。外院主要用来举行礼仪活动和阅兵仪式，内院一个用于储藏物品，一个是国王与王后的起居院落。

　　阿波美王宫的建筑风格精巧、简朴，其独特的艺术风格体现在装饰阿波美王宫的着色泥土浮雕，这些浮雕记载了阿波美王国历史上的重要事件，美化了当时的战争，鼓吹了王权，反映了当时人民的生活习俗、宗教仪式、民间传说，对于一个没有文献记载的社会，这些浮雕充当了重要的历史档案。在这些浮雕中还可以看出阿波美王国军事上的强盛是与国内的女战士的浴血奋战是分不开的，她们与男战士一样英勇无畏，浮雕上还显示了许多象征国王性格和强权的神话图案。此外，在园林内还存有大量的各式建筑、公用设施、壁画、雕塑、铁制艺术品、御座、权仗等。这些成就了阿波美王国灿烂的艺术风貌。

大津巴布韦遗址

"**大**津巴布韦"是非洲大陆上一大文明奇观。来这里参观的人都对它的精巧结构和宏大规模赞叹不已。从建筑工艺角度看，该城绝对可以和一千多年前修筑的大批欧洲古堡相媲美，是古代非洲文明的象征。

"津巴布韦"的意思是"石头城"。最早这块土地被殖民主义者践踏过，曾取名为"罗得西亚"。1980 年津巴布韦取得独立，该国人民为了纪念祖先创造的"大津巴布韦遗址"，以此来命名自己的国家。

大津巴布韦遗址坐落在三面环山、风景优美的丘陵上，北面是碧波荡漾的凯尔湖。大津巴布韦城堡占据了整个都城的最高点，在城堡前只有两条小道可以通往山脚，后面全是陡壁悬崖，只有一个狭窄的石门可以出入。所有建筑的墙壁几乎都是用规格一致的长 30 厘米、高 10 厘米的花岗石板砌成，中间虽然不用任何黏合物，但却砌得坚固结实，俨然一个整体。

宏伟壮观的遗址包括大围场、卫城和平民区三个部分。被人们称为"庙宇"或"王城"的椭圆形大围场，它是由很高的石墙围绕而成的像堡垒一样的卫城，早期建在山顶上，被叫做"山地要塞"；在大围场和卫城之间河谷中

大津巴布韦文化

大津巴布韦是介于西面金矿区与东面印度洋之间的一处繁荣的贸易中心。但在 16 世纪初，古津巴布韦国家突然瓦解，大津巴布韦文化也随之走向衰落。

的是平民生活区的各类建筑遗址。

　　大围场的围墙上窄下宽，顶部厚2.5米，下部厚5米、高10米、周长达240米。城墙的东、西、北各开一个城门，城内面积约四千六百平方米。几乎全城所有建筑都用长30厘米、厚10厘米的花岗岩石板牢固地垒砌而成，其高质量的砌石工艺令人赞叹不已，而东北部的那堵高9.1米、底部厚度为4.9米的石墙更是令人赞不绝口。石匠们将花岗岩修凿成石片，再从两面垒砌起来，把墙中心的碎石堆围住，这样看起来十分牢固，给人浑然一体的感觉。城中心有一个周长为90米的半圆形内城，内城中修建的一组组建筑都建有小围墙，以"之"字形结构连接而成，门、柱、墙、窗上面均装饰着浮雕或圆雕，最吸引人眼球的当数一些城门和石柱顶端雕刻着的一种鸟，其雕工精湛，人们称之为"津巴布韦鸟"或者"上帝鸟"，有人认为门上雕刻的这种鸟是南半球珍贵的候鸟"红脚茶隼"。在东南墙外面加筑了一道百米长的、与城墙平行的石墙，两墙间留有一条宽仅1米的小道，小道尽头还有一座直径6米、高约十五米的奇异的圆锥形实心塔，塔上也有"之"字形的结构，塔旁长着两棵参天古树，多人围在一起才能把它们抱住。

　　在距离大围场1000米的小石山顶峰，矗立着一座坚固的石堡，是整个城池遗址的最高点，它就是精心设计的"卫城"。"卫城"全长244米，是能工巧匠们凭各种石块依岩石的自然形态精心砌成的。城墙下边的通道很狭窄，只可容纳一人通行，从中可以看出人们具

有相当强的防卫意识，应了一句古话"一夫当关，万夫莫开"。

在大围场和卫城周围再没有什么较大的建筑物遗址，只有一些住宅、酿酒作坊、货栈、商店、铁矿坑、炼铁炉等，附近还能见到水渠、梯田的遗迹。人们在这里还找到了中国的瓷器、阿拉伯的玻璃及金器等。这些已出土的文物足以证明这是一个有贸易往来的"平民区"。奴隶、工匠和为王室服务的工人都住在这陋舍中。

大津巴布韦对现代人来说仍然是一个谜。16 世纪初，葡萄牙人侵占莫桑比克时，得知西面有座"石头城"，里面藏有很多宝藏。一些疯狂的欧洲人在得知此消息后，立刻从世界各地蜂拥到大津巴布韦，他们在这里进行了毫无理智的破坏性发掘，到处寻找传说中的黄金和珠宝，甚至掘地三尺。本来还算完整的古城最后被这些侵略者弄得面目全非，就连那些雕在门窗石柱上的津巴布韦鸟石雕也不放过。

20 世纪后，人们逐渐意识到大津巴布韦遗址不仅是津巴布韦文化和历史的凝聚之地，也是非洲古老、灿烂文化的有力见证。于是人们开始对其采取很多保护性措施，禁止私挖滥掘，组织学者进行系统研究等。相信在不久的将来，大津巴布韦那层神秘的面纱将被人类揭开。

大 洋 洲

DAYANGZHOU

悉尼歌剧院

作为 20 世纪世界七大奇迹之一的悉尼歌剧院，不仅是悉尼艺术文化的殿堂，更是悉尼的灵魂。在这里，每天的观光游客络绎不绝，在歌剧院前流连徘徊。

作为悉尼市的大型综合性文艺演出中心，悉尼歌剧院以其独特的建筑形象著称于世。它建在悉尼港内一块伸入海面的地段上，三面临水。歌剧院包括大、小两个音乐厅，一个歌剧厅和一个剧场，共有九百多间附属用房。悉尼歌剧院设备完善，使用效果优良，是一座成功的音乐、戏剧演出建筑。那些濒临水面的巨大的白色壳片群，像是海上的帆船，又如一簇簇盛开的花朵，在蓝天、碧海、绿树的映衬下，婀娜多姿、轻盈皎洁。这座建筑被视为世界的经典建筑而载入史册，是当今最出色的建筑设计之一。

悉尼歌剧院在任何时候都被认为是澳大利亚最大胆的建筑作品，人们对它的描述五花八门，例如"破掉的蛋""巨大的贝壳""巨浪"或"集合音乐台"。

悉尼歌剧院不仅是因为它的外形而引人关注，它的建造过程也同样充满了戏剧性。

曾经，澳洲没有一个高水平的音乐厅或歌剧院，到了 1950 年，澳洲人终于忍受不了这一尴尬的局面，于是在全世界范围内的建筑师中展开一场竞标：为拥有 300 万居民

的悉尼市建造一座与之相配的歌剧院。1957 年，丹麦的建筑师约翰·乌特尚取得了竞标的胜利。他所设计的屋顶以大幅度展开，宛如巨大而纤细的船帆，令评审们印象深刻。

在执行这一宏伟计划的第一和第二方案时产生了令人吃惊的问题，首先是必须在贝尼隆半岛上增加建筑用地，而技术问题则是发生在铺设 67 米高由水泥柱支撑的拱形屋顶之时，如何用 350 千米长的缆绳对其加以固定？丹麦建筑师与他的客户发生了冲突，并愤然离开了悉尼，后来由 4 位澳大利亚的建筑师接替他的任务。同时地方政要们也为此计划起了争执，于是人们逐渐认为这整个计划是疯狂的。

完成这一工程的资金由最初预算的，700 万澳币增长为最终的1.02 亿澳币，于是，为了专案集资，采取了发行乐透彩券的集资方式，免费的歌剧院门票也在奖品之内。由于最终需要 1.02 亿澳币才能完成此工程，于是奖品券的发行延长了很多年。歌剧院没能在计划的 5 年内完成而是花费了将近十六年的时间才得以竣工，这时所有的麻烦很快就被遗忘了。即使最初有许多人认为这设计太过前卫，但现在已经再没有人会质疑悉尼歌剧院的美丽了。它不但超凡脱俗，

造型设计

悉尼歌剧院特有的帆造型，加上悉尼港湾大桥，与周围景物相映成趣。

而且十分和谐，拱形的屋顶上，覆盖着一百多片白色的瓦片，入夜以后，在泛光灯的照射之下，建筑物上增添了许多别样的光彩，大型的玻璃帷幕总面积达 6223 平方米，上面镶嵌着闪闪发光的黄绿色玻璃，在日光下交相辉映，熠熠生辉。

在建筑的内部，悉尼歌剧院已经远远超出它作为一个世界级歌剧院的意义了。在设计高雅的屋顶下，有剧院、音乐厅和电影院。悉尼歌剧院在任何一个见过它的人的心目中，都是一座难忘的杰出建筑。

歌剧院也为悉尼增添了新的历史意义。世界上的知名乐队、舞蹈家、歌唱家，以及剧团等都以能在悉尼歌剧院演出而备感荣耀。这座圣洁而恢弘的建筑如静卧在海边的贝壳，如从天际驶来的远帆……它的美深深地烙印在每个人的心中。

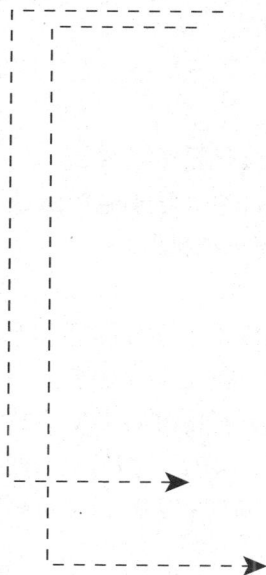

美洲

M E I Z H O U

金门大桥

金门大桥是世界著名大桥之一，被誉为近代桥梁工程的一项
奇迹。整座大桥造型宏伟壮观、朴实无华，它横卧于金门海峡
之上，如巨龙凌空，为旧金山的美景平添了一抹亮色。

金门海峡位于旧金山海湾入口处，并将其与太平洋分隔开。而
金门大桥则是位于海峡之上的悬索吊桥。金门大桥是世界著名大桥
之一，被誉为近代桥梁工程的一项奇迹。这座大桥由施特劳斯主持
修建，桥长 1981.2 米、中间跨度 1280 米，由悬在 227 米高塔上的两
根钢绳吊起。路面的中点高出平均水位 81 米，即使有大船行驶也畅
通无阻。

大桥于 1933 年动工兴建，不久便遇到了困难：由于强大的潮汐
流作用，使得在水下 99 米的平台上搭建南桥塔基的努力付诸东流。
之后，在旧金山海湾的大雾中，一艘船撞击了海上工作台，致使台
上工作人员遇难。秋季的暴风雨将大量的施工设备冲入海中，工程
受到重重阻碍。最终，大桥的建造者们排除了种种困难，历时 4 年，
耗费 10 万吨钢材，于 1937 年建成此桥。

大桥的营造商希望竣工时最后一根铆钉用纯金制作，但因金铆

钉材质太软容易断掉，所以最后的铆钉依旧使用纯钢材质，与这座重达百万吨的建筑物中其他无数个铆钉一样。放眼望去，大桥造型宏伟，气势巍峨，它如一条红色的长龙横卧于宽 1966 米的金门海峡上。大桥北端连接北加利福尼亚，南端与圣弗朗西斯科半岛相接。当船只驶进旧金山时，站在甲板上举目眺望，大桥的巨型钢塔便映人眼帘。塔的顶端用两根直径各为 90.4 厘米、重 2.45 万吨的钢锁相连，钢锁中点下方，几乎接近桥身。两座辅助钢塔的修筑，使桥形更加壮观。金门大桥的颜色并不是正红，而是将红、黄和黑混合形成的"国际橘"色。上色工作也很复杂，工作人员必须在移动的架子上涂油漆，先用压力清洗桥体，然后上三层油漆，另一位工作人员则绑好钢索，做油漆检查工作。

多年来，金门大桥承受住了恶劣天气带来的巨大压力，依旧保持着良好的状态。尽管如此，却仍然无法阻止浓雾和冬雨对钢铁建筑的侵蚀，桥体严重生锈，所以大桥的悬吊钢索都分时段更新。2007 年 5 月 27 日是金门大桥建成 70 周年纪念日。这座雄峙于碧海白浪之上的宏伟建筑为旧金山的美景平添了一抹亮色。

自由女神像

高举火炬、神态坚毅的自由女神像，被认为是美利坚民族的标志。一个多世纪以来，这座神圣的铜像被视为美法人民友谊的象征，并永远表达着美国人民争取自由的崇高理想。

自由女神像位于美国纽约哈得孙河口的自由岛上。这座世界上独一无二的巨型铜像是法国在美国独立100周年时赠送给美国的珍贵礼物。

雕像由法国著名雕塑家奥古斯特·巴托尔蒂创作完成。据说，女神像的形体以巴托尔蒂妻子尚奈密丽为原型创作，面容则是根据他母亲的脸形来雕塑完成的。

自由女神身穿古希腊风格服装，头戴王冠，且王冠上具有象征世界七大洲及四大洋的七道光芒。女神右手高举象征自由的火炬，左手抱着一本美国《独立宣言》的书板，上面刻着宣言发表日期——1776年7月4日。脚下是被挣断的手铐、脚镣和锁链。她象征着自由、挣脱暴政的约束，被认为是美利坚民族的标志。

1869年，巴托尔蒂完成了自由女神像草图设计的初始工作。1874年造像工程正式开始，到1884年完全竣工，前后历时10年之久。

1886年10月28日，美国总统

克利夫兰在纽约港主持了自由女神像的揭幕仪式，从此，进入纽约港的乘客，抬眼便可望见高举自由火炬的胜利女神。女神像的内部设计也极为巧妙，共有22层，当电梯位于第十层时，即已抵女神脚下。而从脚部到神像王冠处则需要登168级螺旋阶梯。皇冠处四面开有小窗，临窗俯瞰，纽约仿佛矗立于水天之间，其美妙景致尽收眼底。

长久以来，屹立在自由岛上的自由女神像已成为美利坚民族和美法人民友谊的象征，永远表达着美国人民争取自由的崇高理想。

自由女神像的基座上刻有美国犹太女诗人埃玛·拉扎鲁斯歌颂女神的诗篇：

欢迎你，

那些疲乏了的和贫困的

挤在一起渴望自由呼吸的大众，

那熙熙攘攘的被遗弃了的

可怜的人们。

把这无家可归的

饱受颠沛的人们

一起交给我。

我高举起自由的灯火！

不似希腊伟岸铜塑雕像

拥有征服疆域的臂膀

红霞落波之门你巍然屹立

高举灯盏喷薄光芒

你凝聚流光的名字——

放逐者之母

把广袤大地照亮

凝视中宽柔撒满长桥海港

"扼守你们旷古虚华的土地与功勋吧！"她呼喊战栗着双唇：

把你，

那劳瘁贫贱的流民

那向往自由呼吸，又被无情抛弃

那拥挤于彼岸悲惨哀吟

那骤雨暴风中翻覆的惊魂

全都给我！

我高举灯盏伫立金门！

梅萨维德遗址

美国的一支地理科考队在科罗拉多高原的西南角考察时，曾发现过一个印第安人生活过的城寨遗址。科考人员在那里勘察一番后便急忙撤离，对外界则秘而不宣……

在1888年12月一个明媚的清晨，美国科罗拉多州的两个放牧人到西南边梅萨维德野外寻找迷路的牛。梅萨维德高出地表610米，是个大平台，它长6.1米、宽4.6米、海拔达2286米。在几百万年里，山体被侵蚀得裂了缝，岩壁上还出现丁许多天然悬垂物。这两人登上了陡峭的峡谷，发现了巨大的卵形山洞。他们发现了一个废弃的居民区，这就是有名的"悬崖宫"。

梅萨维德，西班牙语意为"绿色的方山"。悬崖城寨的创造者则被称为"普韦布洛人"。普韦布洛也是西班牙语，意为"村庄"。因为这里最早被西班牙殖民者占领，所以这些地名都是以西班牙语命名。

人们总是称梅萨维德为"悬崖宫"。"悬崖宫"与现代城市最大的差异就是，它只是一个成簇房屋的聚居区，里面既没有相连的街道、集中的商店和厂房，也没有象征统治的政权机构。但在占地210平方千米的悬崖上，集中这么多的村落屋舍，有了

手工业和简单的商业活动；上万人聚居在一起。显而易见，梅萨维德是一座由农业向手工业、商业过渡的聚居区，它已经初步具备了城市规模。

梅萨维德尚存比较完整的聚居区域有三百多处，每处都由砖墙围护，还设有成套的住宅，有公共的庭院和宗教建筑物。这其中最大的聚居中心，是一座高楼宫殿，也就是两个放牧人发现的那座"悬崖宫"。全楼沿崖壁而建，布局紧凑。在高楼周围还建有圆形、方形的小楼。一栋长方形房屋的墙壁长达 90 米，内部间隔成 150 个房间；房屋下面挖开 21 个地穴，最大的地穴足有 7 间房间之大，据称这里是当地居民举行宗教仪式的地方。长屋北边还有一座"杯子房"，内藏 430 个杯子、盒子、饭碗和缸瓮，可能是祭器储藏室。

以云杉构成而得名的"云杉木楼"尤为著名，它包括 114 间住房和 8 间祭祀室，是一座 203 米长、84 米宽的三层楼。

还有一栋由 25 个房间构成的楼房，楼顶房屋建在向外伸出的底楼的栋梁上，故称"阳台楼"。楼下还有小道可以通往地穴，每间地穴长约三米、宽 2.4 米。考古学家曾在这里的地穴中挖出过人体骨骼和陶器。

梅萨维德周围全是悬崖峭壁，野兽都很难攀登上去。壁面凿出一个个小洞，仅可容手指和脚趾插入。普韦布洛人正是依靠这些洞爬上爬下进出城寨的。显然，这是为了对付外族和野兽的入侵。

1276 年—1299 年，梅萨维德曾出现了严重的干旱，

水粮断绝。从天而降的自然灾害使得这里的人们向东逃荒，去寻找水源充足的地方来重建家园。"悬崖宫"从此被废弃。现在散居在北美各地的祖尼、霍庇、台瓦、凯烈等印第安人部落，祖先都是悬崖宫的普韦布洛人。

在中美洲和南美洲，玛雅人、阿兹特克人、印加人的印第安文化遗址不断被人们发现，层出不穷。有些古城建筑与旧大陆建筑相比，毫不逊色，其规模曾经达到过 10 万人之多。但在北美洲，却鲜有印第安人的文化遗迹。梅萨维德遗址的发现正填补了这一空白，证明了北美印第安人曾经拥有过的灿烂文化。

从梅萨维德遗址中，人们可以看到当年蓄水灌田的水库和驯养火鸡的残迹，精美的石器、骨器、白底黑彩的陶器，以及手工织出的棉布。在陵墓中，人们还找到了保存尚好的木乃伊。这些足以证明，哥伦布来到新大陆以前，北美社会文化已经发展到极高的水平。

人们从 20 世纪 50 年代开展大规模发掘和研究梅萨维德的工作，如今梅萨维德地区已建立了博物馆和图书馆，成为举世闻名的科研基地和旅游胜地。

乌斯玛尔古城

失落的玛雅古城乌斯玛尔，是玛雅文明高峰期的典型代表，是玛雅文明最后的辉煌。乌斯玛尔古城申的建筑，使人们充分领略到神秘的玛雅人高超的建筑艺术，让世人叹为观止。

位于墨西哥尤卡坦半岛北部、梅里达以南 80 千米处的乌斯玛尔古城是古代玛雅城市遗址。据考古人员推测，乌斯玛尔古城应该是在玛雅的其他城市衰落以后，才成为玛雅文明的中心，也成为玛雅文明最后的辉煌。古城建筑区面积 0.6 平方千米。乌斯玛尔古城代表了玛雅人艺术和建筑成就的顶峰，是古代蒲克式建筑艺术的代表，被称为玛雅古国三大文化中心之一。

在尤卡坦半岛上，最能体现玛雅文明的，就是乌斯玛尔古城那一座座超凡的宏伟建筑。有人认为，在玛雅文明的黄金时代，只有乌斯玛尔的玛雅人才有可能建造出那种称之为突拱或假穿隆的屋顶，其建筑方法就是把石头切割成拱形，上面的一块比下面的一块悬出少许。穿隆顶内部形状仍被今天居住在尤卡坦半岛的印第安人所采用。当时，在玛雅人建造的许多建筑中，都可以看到这种结构的建筑。

乌斯玛尔古城主要的建筑群有"总督府""魔法师金字塔""女修道院"等。但需要说明的是，乌斯玛尔古城中的"总督府""魔法师金字塔"等名字都是由后来的西班牙人命名的，至于它们原来的名字，早已无人知晓。

有人把乌斯玛尔的总督府看做是古代美洲建筑最壮观瑰丽的代表，它也的确不枉此名。总督府长九十多米、高十余米，建筑在一座120米长、9米宽的高台上。尤卡坦建筑所特有的蒲克式特征在它身上有着显著的体现。总督府上方有一道三米多宽、总面积750平方米的石雕镶嵌带，围住整个府第，雕带上刻的是蒲克式图案，其上面还雕有150个一模一样的长有眼、耳、角和尖齿的蛇形神。每个面具由18块建筑用的石料组成。这些面具的图案完全一致，它们砌成一幅镶嵌图案，每0.84平方米由30块组成，光是面具就用了2700块有雕刻的石料，而整个镶嵌带由22500块石雕拼成精心设计的图案，这些石块中有一大半组成一个十字形图案，图案由同样的石块组成。所有石块都要有相同的体积、形状、大小。因为，若石块有半寸之差，那么成千上万块拼起来的结果就不堪设想了。所以在工场里把石块预先修凿成形的工匠，技术都达到相当高的水平，其生产方法可与现代工厂媲美。而且在装饰设计中不断重复使用简单的几何图案，这也是古玛雅文明中蒲克式建筑风格的特征之一。

建造总督府这项巨大的工程所需材料数量之多令人难以想象，玛雅人要筑起总督府平台需要344070立方米的建筑材料，要完成整个工程需用的建筑材料达100万吨。而整座建筑物所需要的内部填充

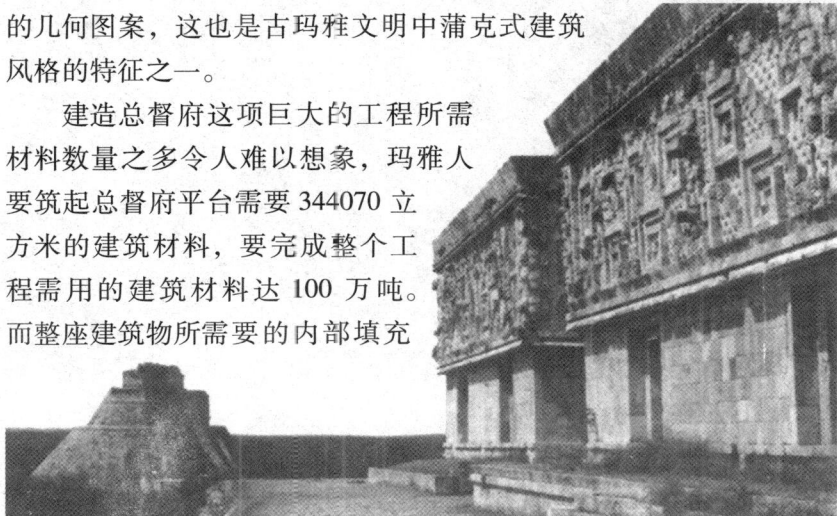

物以及碎石和各种设备，都要完全依靠人力完成。考古发现，建造这么宏伟的巨型建筑，玛雅人在建筑时竟未曾使用有轮的车。

遗址的中心耸立着"魔法师金字塔"，传说，这座金字塔是魔法师在一夜之间建造的。此塔呈椭圆形，而不是一般的正方形。塔身高耸在天地之间，俯瞰着周围一望无际的旷野。塔的正面从下往上共有89级陡峭的石头台阶，中间没有休息平台，也没有斜桥。

金字塔越往上攀登，台阶就变得越狭窄，只能踏上半只脚。有些研究美洲文明的学者认为，因为这里是古玛雅人举行宗教仪式和献祭的中心场所，居民在广场上集合，可以仰视金字塔高台上由祭司主持的祭礼，而这些台阶也是为祭师们特别设计的，为的是方便祭师在塔顶上用活人献祭后处置尸体。

玛雅人掌握的神秘莫测的天文知识，在其建造的总督府和魔法师金字塔上得到了充分的体现。每逢夏至时分，魔法师金字塔西面的石阶正好对准西落的夕阳，极为准确地面对着地平线上的金星到达最南偏角的那一点。玛雅人在建造总督府时，不仅在立面镶嵌有

建筑布局

古城的建设者继承了玛雅文化的传统，把重要建筑物建在一条南北方向的中轴线上，从南向北依次是雨神殿、鸽子宫还有广场。

数以万计的精美的图案，其中还包含许多代表金星的符号。因而有人认为，这座金字塔具有神奇的导向功能。

据考古获悉，女修道院大概建于公元 9 世纪或 10 世纪。该建筑有一个气派雄伟的拱门，宽敞的梯级，一个中央庭院，还有 4 座宽而矮的宫殿式楼房，有刻着几何图案的雕刻带围绕。里面的房间都用石块间隔，上面是拱形的房顶。其建筑具有典型的玛雅建筑的蒲克式风格。女修道院西侧雕刻带上的图案，有玛雅印第安平民用泥土盖成的住屋图样，这些住屋高置在其建筑物每一个房间的门上作为一种象征，说明玛雅人所使用的石建房子应该是他们的住所，而不只是举行典礼的地方。

当乌斯玛尔古城达到玛雅文明最后时期的高峰时，其他的玛雅文明已经开始走向了衰落。尽管乌斯玛尔古城是所有玛雅古代遗址中保存比较完好的一座，但它的历史，人们却知之甚少，这是令人非常遗憾的。

玛雅文明的遗迹，多数已湮没在历史的长河中。人们至今仍然无法弄清玛雅人的语言文字，所以对玛雅人的了解几乎都是源于他们遗留下来的古物：图画、石头雕像、陶器、玉器和建筑物的遗迹。相信随着考古学家对其不断的发掘，总有一天，人们站在玛雅人的遗迹面前时，会不再迷茫、不再困惑。

图拉古城

图拉古城是美洲文明中托尔特克文化的中心，古城曾是托尔特克人倾力建设的都城，因此它是托尔特克文化艺术最集中的体现。在图拉古城中，最有特色的建筑就是羽蛇神庙和武士雕像。

图拉古城位于墨西哥首都墨西哥城北约六十五千米的地方。这里曾是墨西哥古城北部托尔特克人的首都，在公元650年—1521年，图拉古城曾辉煌一时。受特奥蒂瓦坎城影响很大的托尔特克人文化，在这里体现了其充满活力和好战尚武的一面。大约在公元7世纪托尔特克人入侵墨西哥盆地，建立了图拉古城。

在图拉古城中，羽蛇神的崇拜最为明显，在这里，羽蛇神有着至高无上的地位，因此羽蛇神的图案出现得更为频繁。据说，托尔特克人的首领为了加强统治，将自己说成是羽蛇神的化身。因此，羽蛇神图案频繁地出现在图拉古城的艺术品和建筑物上。

图拉建筑中最有特色的是男人像柱、浮雕武士方柱和蛇形柱。男人像柱雕刻成托尔特克武士形象，他们头戴羽毛装饰，双手自然垂直，胸前有巨大的蝴蝶状盔甲，背部有象征太阳的圆盘。这些右

手执长矛，左手拿着箭和其他物品的托尔特克武士，主要是用以支撑神庙屋顶的。同时，由于他们本身也具有神的形象，因此，他们也成为当时人们崇拜的对象。

图拉古城中最神圣的建筑是被称为"羽蛇神庙"或"晨星之宫"的图拉主金字塔，这座金字塔也是托尔特克文明建筑的代表作。据考证，在金字塔顶端的神庙是用于纪念托尔特克王朝历代统治者以及他们所领导的历次伟大战争的胜利的，而且在历史上，托尔特克王朝只允许国王和大祭司们进入神庙。这座金字塔的正面，也就是金字塔的南面，其底部是一个由石柱支撑起的巨大门厅，这里是举行盛大国事和宗教活动时国王、大臣、祭司们观礼的场所。

大约在 12 世纪，托尔特克人的国家逐渐衰落，后来被来自墨西哥东北部的阿兹特克人所灭。于是，曾经繁华一时的图拉古城也随之沉寂。今天站在古城遗址上的人们，面对着面无表情的托尔特克武士雕像，是否会感到时光的无情——无论多么辉煌的文明也经不起时光的雕镂。

奇琴伊察

神秘的玛雅文明吸引了许多人的目光，自从美国人发现了奇琴伊察，这座古老的城市又从沉寂中走入繁华，来来往往的人们，有着许多的疑问，不过好像一切疑问都没有得到答案。

奇琴伊察是中美洲玛雅文明后期最大的城市，素有"羽蛇城"之称。奇琴伊察位于现在的墨西哥尤卡坦半岛中部，在古老的玛雅文明北部地区。在 10 世纪时，这里曾经是玛雅新王朝的首都，是玛雅人与托尔特克人的遗迹。

奇琴伊察是尤卡坦半岛上最大的玛雅文化遗址，但这座曾经繁华的城市在 19 世纪后期以前只是绿叶覆盖下的一堆废墟，只能透过树丛看石庙、宫殿、有廊柱的画廊等巨大建筑的阴影和工艺精湛的墙壁。

这座繁华一时的城市几乎在一夜之间就空了，玛雅人不知何因，弃城而走，消失的无影无踪。本来有关玛雅人的所有秘密也许都藏

奇琴伊察

奇琴伊察遗址。

在他们留下的书籍中，不过令人惋惜的是，曾经入侵这里的西班牙军队将这些珍贵的书籍全部焚毁，只剩下残存的碑文，终究无法解开玛雅人的秘密。

最初有一个民族于1400年前后在奇琴伊察建立了一个新的宗教城市。在他们之后，玛雅文明在这里兴盛起来，直到14世纪时，这座城市被托尔特克人征服托尔特克人又把自己的建筑风格融人到玛雅建筑风格上。因此，后人从金字塔顶端往下看时，其实看到的是这两种文明的遗迹。

奇琴伊察最诡异的建筑是一座骷髅台。这个长方形建筑的外形是一个大石棺，褐色的墙壁呈弧形，墙上装饰着4排骷髅浮雕。考古学家认为，这代表了那些被砍下头颅的俘虏，他们曾被关在骷髅台内部。

奇琴伊察的意思是"伊察人的井口"。奇琴，在玛雅语中意为"井口"。伊察，意思是"贵族出身的人"，伊家人，也就是玛雅人。奇琴伊察地处墨西哥的干旱区域，水源来自石灰岩溶洞的天然井。当年的玛雅人就从这两口水井中取生活用水。因此古老的民族将其奉为"圣井"，每年这里都要举行盛大的祭献仪式。因此许多珍宝、美貌少女和孩童都曾被奇琴伊察的祭司投入井中来祭祀圣泉。所以，人们将奇琴伊察视为"新大陆最富戏剧性和凶邪的地区之一"。

玛雅人不仅崇拜雨神，更崇拜羽蛇神，在玛雅语中，羽蛇神被称为"库库尔坎"，意思是"带羽毛的蛇"。在奇琴伊察的建筑上，几乎到处都能见到长着羽毛的怪蛇图案，人们将这种建筑物称为"库库尔坎"。

在所有的库库尔坎建筑物中，库库尔坎金字塔是奇琴伊察最重要的建筑。作为一座羽蛇神的神庙，它同时也是一座天文台。神庙建在金字塔上面并将金字塔完全覆盖。神庙下面的金字塔四面对称，高30米，共9层，

底边各长 75 米，四周各有 91 层台阶，四面共有 364 级，算上顶部平台，共是 365 级，正好暗合一年的天数。金字塔上 52 块有雕刻图案的石板象征着玛雅日历中 52 年为一个轮回年。这座经过精心设计的建筑物方位十分准确，金字塔的阶梯准确地朝向正南、正北、正东和正西。在春秋两季伊始，能显示出划分季节的特殊效果。一年中唯有春分和秋分是昼夜均分的两天，在这两天里，夕阳斜照在羽蛇神像石柱上，从柱顶蛇头开始，影子逐渐由笔直变为波浪形，看起来就像一条巨大的蟒蛇在蠕动，形成奇特的"光影蛇形"，仿佛羽蛇神正从天上来到人间。

奇琴伊察遗址上的建筑都是以天象来确立方位的，布局非常严密合理。这里的主要建筑除了库库尔坎金字塔，还有观象台、武士庙等。武士庙因建有 1000 根圆柱，因此又被称为"千柱厅"。而且奇琴伊察也同其他玛雅遗迹一样建有足球场，这很可能也是一种宗教仪式。

一切仿佛都回到了原始时代。奇琴伊察这样一个辉煌的文明在历史的某个瞬间突然消失了。而我们对这个文明的了解却是微乎其微，希望有一天有关这些文明奇观的谜都能够被解开。

蒂 卡 尔

蒂卡尔，这座昔日玛雅最大的城市，高耸在今日危地马拉东部的密林低地中。宏伟壮观的蒂卡尔古城遗址被一望无际的茂密丛林所包围，它的历史可以追溯到公元前 3 世纪。

蒂卡尔被古玛雅人称为"百声汇合之地"，它位于今危地马拉东部佩腾湖畔的原始密林中，是危地马拉古玛雅城市的遗迹。它是玛雅文化最大的城市之一，也是最重要的印第安宗教中心之一。

蒂卡尔是玛雅古典时期最大的城邦，此时玛雅的文明中心已从南部移到中部。公元 292 年，被称为"美洲虎之爪"的玛雅天王建功立业，开创王朝。这位玛雅天王在位 67 年，为日后蒂卡尔称霸打下了坚实的基础。继他之后，"蜷鼻王""暴风雨天王"第一次开创了蒂卡尔王朝盛世。但在公元 6 世纪中期，由于受到墨西哥移民大迁徙浪潮的冲击，蒂卡尔发生了正大的政治动荡，王朝走向衰败，城市建设一度停歇。一百多年后，蒂卡尔才又重现生机，连续出现三个强大的国王：阿卡高王、雅克京王和奇坦王。今天考古发掘所看到的美轮美奂的蒂卡尔城，就建于这三个国王在位之时。第二次盛世时，蒂卡尔城市拥有居民 5 万人，城市面积超过 65 平方千米，金字塔数量达 3000 座以上，同时，祭坛和石碑也随处可见，该城市影响的区域方圆 500 平方千米。考古学家认为，蒂卡尔可能曾是玛雅人最大的集居地。

外形陡峻的金字塔是蒂卡尔最主要的建筑成就。蓝宝石般明净的天空下，一座座拔地而起的金字塔刺破林莽的密网，在绚烂的热带阳光下遥相辉映。更令人叹为观止的是被人们称为"丛林大教堂"的蒂卡尔金字塔，外形奇峭，有如哥特式教堂。考古发现证明，蒂卡尔的金字塔神庙也用做君主和贵族的墓地，这些墓地通常有许多华丽的陪葬品，宫殿或庙宇前的石碑上往往刻有这样的图案：一个将敌人踩在脚下的勇士或国王。

统治阶层成员的形象被描绘在蒂卡尔遗址北部卫城 166 号墓葬的墓壁上，壁画上的盛装人物默默陪伴着随葬品丰富的墓主。这一时期随葬的陶器通常是特制的精品。

大广场居于中心位置，四周高耸着庄严的金字塔。东侧的 1 号金字塔，建成于公元 810 年，塔身分 9 个梯级，由于它状似一头雄踞的美洲豹，故称其为"美洲豹金字塔"，塔高六十多米，顶端建有小庙，塔南为"中部卫星城"，是由 6 个庭院组成的长廊式建筑群，每个庭院四周都建有一组殿堂广场。正南是高达 57 米的 5 号金字塔和"南部卫星城"。往西就是著名的七殿广场。广场上耸立着 7 座宫殿，殿堂门楣上雕刻着骷髅和花纹。在七殿广场以北，有一座 2 号金字塔，此金字塔于公元 736 年建成，与美洲豹金字塔遥遥相对，塔顶雕刻着巨大的假面，塔底分为 3 个大厅，石壁上到处雕刻着浮雕，其中有贵族妇女抛掷珍珠的浮雕和奴隶祭祀的浮雕。2 号金字塔不远处有"北部卫星城"。这些金字塔与广场之间有 86 块石碑，其中 21 块刻有精致的浮雕和象形文字。石碑背后有宽阔的石阶，石阶最高层为平坦的祭台。

在蒂卡尔的中心广场上还树立着十几块纪念碑，这些纪念碑被学者们称为"石碑仪仗"，排列整齐的石碑上记载着当时的自然现象、盛大的宗教仪式以及政治事件。最早的一块刻于公元 292 年，最晚的一块刻于公

元 869 年，此后就突然停止了雕刻。与此同时，曾经无比强大的蒂卡尔突然销声匿迹，被莫名其妙地遗弃在丛林中。公元 835 年，帕伦克的金字塔神庙停止了施工。公元 889 年，蒂卡尔正建设的寺庙群工程中断。公元 909 年，玛雅人最后一个城市，也停下了已修建过半的石柱……整个 9 世纪，人们突然间遗弃了中央低地数以百计的城邦，几乎在同一时期，那些繁华的城市瞬间荒芜。未留下任何解释，辉煌的玛雅古典时期文明匆匆降下帷幕，一出波澜壮阔的历史剧戛然而止。

巴拿马运河

沟通大西洋与太平洋的国际航道巴拿马运河的开凿，可谓是历尽艰辛，整个开凿过程一波三折，开凿运河的人们付出了血和泪的代价，终于将其建成，如今巴拿马运河已名扬世界。

被誉为"世界七大工程奇迹"之一的巴拿马运河，位于美洲巴拿马共和国的中部，横穿巴拿马地峡，是沟通太平洋和大西洋的重要航运要道。巴拿马运河全长 81.3 千米，运河上设有 6 座船闸。船舶通过运河一般需要 9 个小时，运河可以允许 76000 吨级的轮船通航。

巴拿马地峡在遥远的殖民时代就是连接太平洋与大西洋的交通枢纽。因此，巴拿马的商业和海运日益繁荣。商业的兴盛对航运提出了更高要求，人们发现在狭长的巴拿马地峡开凿一条运河沟通两大洋，将是一项事半功倍、惠及万代的壮举。其实，早在 15 世纪，征服了墨西哥的西班牙人就提出过修建运河，但并未指明适合开凿的地点，后来，西班牙国王明确提出了开凿一条中美洲运河的主张。

由于开凿运河的工程浩大，而当时掌控巴拿马地峡的哥伦比亚共和国无法独立完成，因此就要寻求外来力量。许多国家见开凿运河的利润非常大，都纷纷加入运河开凿权的争夺中。

首先抢夺运河开凿权的是美国，美国与掌权的新格拉纳达政府达成了一个开凿运河的协议，后来英、法等国也不断卷入运河的开凿权的争夺中，最终法国得到了运河的开凿权。主持开凿运河的费尔南德。雷赛布就是开凿苏伊士运河的主持者，苏伊士运河的成功，让所有人都对他满怀信心，包括他自己，但事实上，他对巴拿马地峡的估计不足，最终法国只能惨淡收场，退出巴拿马运河的开凿，最后还是由美国主持完成。

　　如今，巴拿马运河流淌在巴拿马共和国中部，它像一座水桥，从大西洋的利蒙湾通向太平洋的巴拿马湾。巴拿马运河是一条重要的国际航运水道，它的通航使两大洋的沿岸航程缩短了一万多千米。运河区是一个狭长的地带，它的划分是从运河的中流线向两侧延伸，总面积为 1432 平方千米。

　　巴拿马运河的开通大大缩短了太平洋和大西洋之间的航程，同时运河也使拉丁美洲东海岸与西海岸以及亚洲、大洋洲的联系更加方便。现在，巴拿马运河的收入已成为巴拿马经济的重要支柱之一。

纳斯卡巨画

在秘鲁南部城镇纳斯卡和伊卡之间的沙漠中，有一些大约形成于一千五百多年前，占地 518 平方千米的奇怪凹线，人们将它们称为纳斯卡巨画。它们是南美洲最大的考古谜团之一。

20 世纪 30 年代初，一架秘鲁民用飞机经过纳斯卡荒原上空。飞行员无意间看到地面上迅速掠过的奇形怪状的线条图案，这些巨大的图案有的看起来似乎是飞禽走兽和昆虫的巨大形象。这位细心的飞行员把自己所见到的图形绘制在纸上，找到利马博物馆的负责人，陈述了他的发现，并交出了那张自己绘制的看不出具体形状的图。几年之后，这张涂鸦般的图画辗转来到了美国长岛大学历史学教授鲍尔·科索克博士的手上。于是，博士组织了一支考察队来到了纳斯卡荒原。

在荒芜寂寥的大地上，满布着一条条长短不一的沟道线条，它们宽 2~3 米、深 0.07~0.6 米。另外，还有一些线条是由一些石块聚集而成的突出于地面之上的石垄构成。考察队员们带着各种仪器，

沿着沟道和石垄进行定位、测量，同时在图纸上记录着，令人惊讶的结果出现了，一只巨鹰的图形出现在人们眼前。队员们登上飞机，从 500 米高空俯瞰大地，看到那只巨鹰紧贴在大地

上，努力张开巨大的翅膀，试图腾空而起。

纳斯卡荒原发现巨型线条画的消息使得许多职业的和非职业的考察人员蜂拥而至，到这里进行航空摄影、实测、绘图。人们现在已经能够基本确定，这些线条长几十米、几百米，最长的甚至达到两三千米。从不同的方位和角度看，这些线条连成各种几何图形，如长方形、平行四边形、三角形、梯形、半圆形、星形、螺旋形、"之"字形等等，可谓千姿百态。

德国数学家玛丽亚。赖克被科索克博士的发现所鼓舞，她耗费毕生精力研究这些沙漠中的神奇图案。她发现，除去深褐色表土，这些黄沙中深 2.03 米、宽 0.9 米以上的凹线会更明显。用这种方法，科学家揭示出了更多神奇的图案。不过，图画的主题要从空中拍摄才能展现出来。

纳斯卡大部分图画都是以一条单线砌成，有时候在戈壁上延伸数百米甚至几千米。该地的气候和地形是这些古代图案得以保存下来的重要原因。纳斯卡和伊卡之间的彭巴地区降雨量极小，而且西边的海岸山脉、东边的安第斯山支脉阻挡了沙暴对这一带的侵袭。

除了规模大以外，这些图案的惊人之处还表现在图画的精确度和艺术性。人们发现达到同样美学标准的类似设计在纳斯卡文化的陶瓷制品中也有所体现，这就确定了纳斯卡的艺术家也是戈壁图案的创造者。

根据化验鉴定，这些图像创建于几千年前，经一代又一代不断

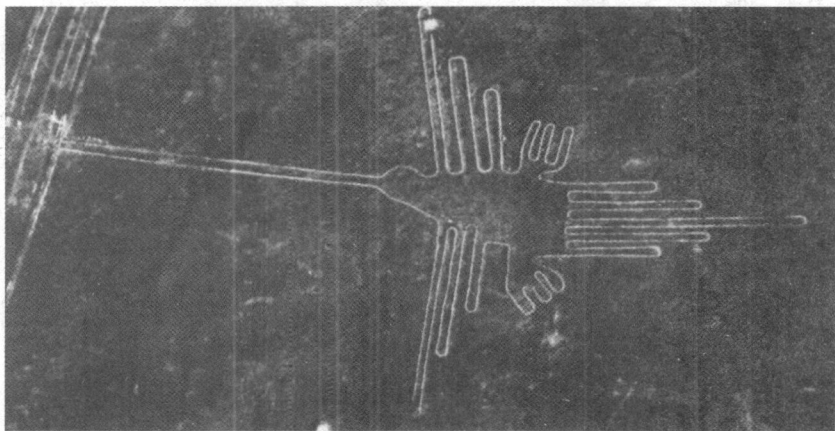

地创作才完成。从这些作品中可以看出，早期的作品要强于后期的作品。有人计算过，如此巨大的工程，所费工时和人力不亚于挖掘一条巴拿马运河。更令人无法理解的是，在没有任何飞行器的情况下，古代纳斯卡人是如何按照设计的比例，将这些只有在空中才能完整看到的巨画完成的呢？

可以肯定的是，他们使用绳子来帮助画直线和圆圈，但没有人能详细说明这些图画的意义或目的。大多数科学家认为它们是一种文学图案，而玛丽亚·赖克则将它们看做是宇宙观测的记录。她发现有一处凹线通向太阳在夏至时南半球的直射点。其他一些不精确的平行线似乎与公元 300 年至公元 650 年间夏至与冬至时不同的太阳直射点有关。即使有了这些发现，纳斯卡图画的文化意义仍然是一个谜团。这使得人们对它展开了丰富的联想，瑞士作家艾瑞克·冯·邓尼肯甚至将这些图画描绘成太空人的信号和着陆跑道。

一切未经证实的理论只能是猜测和推想，纳斯卡线条画的创造、功用、作者、创作年代等等，在它被发现、关注七十多年后的今天，还是没有一致的结论。真正的秘密也许就是那些祖露在天地之间却无法了解的东西。面对纳斯卡巨画，倾其毕生精力研究的玛丽亚·赖克慨叹道："我永远也不可能解开荒原上所有的谜，而这就是优秀古谜的真谛所在。"

蒂亚瓦纳科

蒂亚瓦纳科古城原是哥伦布发现美洲大陆之前，古代印第安人的一个重要的宗教、文化中心，蒂亚瓦纳科在古印第安语中是"创世中心"之意。那里有大批宗教建筑、绘画、雕刻以及高度发达的古印第安文明。

在南美洲玻利维亚与秘鲁交界处的的的喀喀湖以南约二十千米处的地方，那片海拔四千米左右的高原上，坐落着一座印第安古文化遗址——蒂亚瓦纳科古城遗址。

蒂亚瓦纳科遗址是由重达几十吨甚至数百吨的巨石砌成，巨石之间的接缝非常严密。考古学家还在巨石的缝隙中发现了一些用来固定石头的金属小钉。据推测，这些金属钉是通过把熔化的金属倒入凿好的石头模子中而制成的。蒂亚瓦纳科古城最引人注目的还是整块岩石凿成的石门，它矗立在长9米、宽4.5米、厚1.8米的基座上，而基座和门是用同一块岩石雕凿而成。

这座古城的鼎盛时期是10世纪—11世纪，当西班牙人来到蒂亚瓦纳科时，这片土地早已荒废了200年—300年，但是当年这块宗教胜地的繁荣景象在遗址中

的断壁残垣、巨型石
雕像、石碑、绵延的
石墙和散落在各处的
巨石中依旧能体现
出来。

坐落在蒂亚瓦纳
科古城中卡拉萨撒亚
广场西北角的太阳门
是蒂亚瓦纳科遗址中

最著名的古迹，这座雄伟的大门，是用一整块重约十几吨的巨石雕
成的大门宽3.84米、高2.73米、厚0.5米。夏至时太阳准确地沿门
洞中轴线冉冉升起，这惊人的现象反映出印第安人丰富的天文知识。
太阳门门口上有4个小壁龛，下部是两个大壁龛，正中门楣镂刻有
人身豹头浮雕，浮雕的头上戴着扇状羽毛冠，双手执权杖。据说，
可能是雨神，也有人认为那是太阳神。门楣上的浮雕还刻着一列带
着翅膀奔向太阳神的小人。太阳神与带翅小人眼下还有泪珠，这也
是该文化艺术形象的一大特征。

在蒂亚瓦纳科还挖掘出一些遗骸和大量的手工艺品，这些精雕
细刻的艺术品显然是城中能工巧匠的杰作。挖掘的一只陶器上面描
绘着代表蒂亚瓦纳科的神物美洲豹和美洲狮的图案。后来不断发掘
出的文物有祭祀用的美洲驼、陶器、铜器、银器和黑曜岩。

古老的蒂亚瓦纳科古城是谁建造的呢？却为何又被废弃了？这
些问题恐怕没有人能够解答。